CATALOGUE

DES LIVRES

COMPOSANT LA BIBLIOTHÈQUE

DE FEU M. LE COMTE LAGRANGE.

CATALOGUE
DES LIVRES

COMPOSANT LA BIBLIOTHÈQUE

DE FEU M. LE COMTE LAGRANGE,

Sénateur, Membre de l'Institut de France et du Bureau des Longitudes, Grand-Officier de la Légion-d'Honneur, et Grand-Croix de l'Ordre de la Réunion ;

DONT LA VENTE SE FERA

Le Lundi 1er Mai 1815, et jours suivans, 6 heures de relevée.

En la Salle basse de la Maison de Vente Silvestre, rue des Bons-Enfans, n° 30.

Les adjudications seront faites par le ministère de M. Commendeur, père, Commissaire-Priseur, rue de la Verrerie, n° 61.

———————

SE DISTRIBUE

A PARIS,

Chez MERLIN, Libraire, quai des Augustins, n° 29.

1815.

Le même Libraire distribue le Catalogue de la Bibliothèque de feu M. Levêque, Membre de l'Institut, Examinateur des Écoles spéciales de Marine, dont il commencera la Vente le Jeudi 3o mars 1815.

NOTICE

SUR M. LAGRANGE.

Joseph-Louis LAGRANGE, l'un des Fondateurs de l'Académie de Turin, Directeur, pendant vingt ans, de l'Académie de Berlin pour les Sciences physico-mathématiques, Associé-Étranger de l'Académie des Sciences de Paris, Membre de l'Institut de France et du Bureau des Longitudes, Sénateur et Grand-Croix de l'Ordre de la Réunion, naquit à Turin le 25 novembre 1736, de Joseph-Louis LAGRANGE, Trésorier de la Guerre, et de Marie-Thérèse GROS, fille unique d'un riche Médecin de Cambiano.

Son goût pour les Mathématiques se manifesta de bonne heure, et ses succès dans l'étude de cette science furent si prompts, qu'à 16 ans il était Professeur dans l'École Royale d'Artillerie. Tous ses Élèves, plus âgés que lui, n'en étaient pas moins attentifs à ses leçons. M. LAGRANGE en distingua quelques-uns dont il fit ses amis. De cette association naquit l'Académie de Turin, qui publia, en 1759, un premier volume sous le titre d'*Actes de la Société privée*. Les Mémoires que M. LAGRANGE y donna, annoncèrent ce qu'il serait un jour. À 23 ans il avait déjà jeté les fondemens des grands ouvrages qui ont fait l'admiration des Savans.

M. LAGRANGE fut nommé, en la même année, Membre associé de l'Académie de Berlin, et après le retour d'Euler à Saint-Pétersbourg, en 1766, il le remplaça dans sa présidence de la même Académie, sous le titre de Directeur pour les Sciences physico-mathématiques.

M. Lagrange resta à la tête de l'Académie de Prusse jusqu'à la mort de Frédéric : ce fut peu de temps après qu'il quitta Berlin pour se fixer à Paris, où venait de s'imprimer, sous les yeux de l'abbé Marie et de M. Legendre, la première édition de sa *Mécanique analytique.* M. Lagrange était, depuis 15 ans, *Associé étranger* de l'Académie Royale des Sciences de France : ce Corps l'accueillit, et pour lui donner droit de suffrage dans toutes les délibérations, l'Académie changea son titre d'*Associé*, en celui de *Pensionnaire vétéran.* Il reçut aussi des marques de bienveillance de la Reine, et il eut un logement au Louvre.

M. Lagrange vécut dans un repos philosophique jusqu'au moment de la révolution : il ne prit alors aucune place ni dans l'ordre civil, ni dans l'administration, et resta uniquement dévoué aux sciences : il fut successivement nommé Membre de la Commission chargée de l'Établissement du nouveau Système métrique, et Professeur à l'École Normale, dont l'existence ne fut qu'éphémère.

L'École Polytechnique qui fut créée quelques années après, réveilla dans M. Lagrange le goût des recherches mathématiques, qu'il semblait avoir perdu dans les temps de troubles. Ce fut alors qu'il composa ses *Fonctions analytiques* et les *Leçons sur ce calcul*, dont il a donné plusieurs éditions : il publia aussi dans le même temps son *Traité de la Résolution numérique des Équations;* il reporta ensuite ses travaux sur sa *Mécanique analytique,* dont il prépara une nouvelle édition plus développée. Le premier volume de cette nouvelle édition parut en 1811, et déjà le second avançait lorsque M. Lagrange fut frappé de la maladie qui le conduisit au tombeau : il mourut le 10 avril 1813.

Il ne nous appartient point d'analyser les ouvrages de M. Lagrange; nous renvoyons, pour en connaître l'importance et le mérite, à la Notice historique que M. le chevalier Delambre a publiée sur son Collègue en janvier 1814, et dans laquelle nous avons puisé les détails que nous venons de présenter; il nous suffira de dire que les travaux de M. Lagrange sont immenses : outre les ouvrages que nous avons cités, et d'autres inédits trouvés dans ses papiers, et qui seront publiés plus tard, il a enrichi les Recueils de diverses Sociétés savantes, d'un grand nombre de Mémoires; on en compte 17 dans le Recueil de l'Académie de Turin, 63 dans celui de l'Académie de Berlin, 7, dont 5 ont été couronnés, dans celui de l'Académie des Sciences de Paris, 3 dans les Mémoires de l'Institut, 7 dans le Recueil de l'École Normale, et 5 dans le Journal de l'École Polytechnique.

La Bibliothèque de M. Lagrange, comme on le verra par le Catalogue que nous en publions, est ce que devait être la Bibliothèque d'un Savant aussi distingué, et qui se délassait de l'étude des Sciences abstraites, par celle de la Philosophie et des Lettres. Au mérite d'une réunion des meilleurs ouvrages tant en Mathématiques proprement dites, que dans les sciences qui se rattachent aux Mathématiques, elle joint en effet celui d'un choix de bons ouvrages dans les autres classes.

ORDRE DES VACATIONS.

1re *Vacation du lundi 1er mai.*

Sciences et Arts................. n°s 487 — 545
Histoire....................... 734 — 777

2e *Vacation du mardi 2.*

Sciences et Arts.................. 135 — 204
Histoire........................ 701 — 733

3e *Vacation du mercredi 3.*

Sciences et Arts................ 60 — 134
Histoire....................... 677 — 700

4e *Vacation du vendredi 5.*

Sciences et Arts................. 420 — 486
Théologie....................... 1 — 26
Belles-Lettres.................. 583 — 591

5e *Vacation du samedi 6.*

Sciences et Arts................. 360 — 419
Belles-Lettres................. 636 — 674
Histoire....................... 675 — 676

6e *Vacation du lundi 8.*

Belles-Lettres................. 622 — 635
Sciences et Arts................ 231 — 285
                                205 — 230

7e *Vacation du mardi 9.*

Sciences et Arts................ 286 — 359
Histoire....................... 778 — 802

8e *et dernière Vacation du mercredi 10.*

Théologie...................... 27 — 42
Belles-Lettres................. 592 — 621
Sciences et Arts............... 546 — 582
                                43 — 59

Le Libraire chargé de la Vente, recevra les commis-
sions des personnes qui ne pourront pas y assister.

CATALOGUE

DES LIVRES DE LA BIBLIOTHÈQUE

DE FEU M. LE SÉNATEUR COMTE LAGRANGE.

THÉOLOGIE, JURISPRUDENCE.

1. **B**IBLIA græca et latina. *Basileæ*, 1550, 4 vol. in-8. v. m. — Novum Testamentum, gr. et latinè, Theod. Bezâ interprete. *Genevæ*, *P. Stephanus*, 1580, 2 vol. in-8. v. f.
2. Biblia latina, curâ Fr. Junii. *Aureliæ Allobrogum*, 1607, in-fol. v. br.
3. Biblia sacra latina, vulgatæ editionis. *Parisiis, è Typ. Regiâ*, 1653, in-4. v. br.
4. La Ste Bible en latin et en fr., de la traduct. de Lemaistre de Saci. *Paris*, 1717, 4 vol. in-fol. v. br.
5. La Ste Bible trad. en français, par Lemaistre de Saci. *Paris*, 1730, 10 tom. en 11 vol. pet. in-12. v. br.
6. Le Nouveau Testament, trad. en français selon la Vulgate. *Mons*, 1677, in-4., l. r., mar. r.
7. La Ste Bible, trad. en fr. par les Pasteurs de l'Eglise de Genève. *Genève*, 1805, in-fol. d. rel.
8. Remarques sur le Nouveau Testament, par de Beausobre. *La Haye*, 1742, deux tom. en 1 vol. in-4. v. m.
9. Conjectures sur les Mémoires originaux dont il paraît que Moïse s'est servi pour composer le livre de la Genèse, par Astruc. *Bruxelles*, 1753, in-8. bas. rac.
10. Horæ Biblicæ, ou Recherches littéraires sur la Bible, trad. de l'angl. de Butler, par M. Boulard. *Paris*, 1810, in-8. br. — Éclaircissemens sur la Nouvelle Exégèse, par G. A. Teller, pour servir de Réponse aux Lettres de J. A. Deluc, trad. de l'allemand. *Berlin*, 1801, p. in-8. br. — L'Antiquité dévoilée au moyen de la Genèse. *Paris*, 1807, in-8. br.

11. Jo. Alb. Fabricii Codex pseudepigraphus Veteris Testamenti. *Hamburgi*, 1722, 2 vol. in-8. — Ejusdem Codex apocryphus Novi Testamenti. *Ibid.*, 1719, 3 tom. 2 vol. in-8. Les 4 vol. vél.

12. Explication des Prières et des Cérémonies de la Messe, par le P. Lebrun. *Paris*, 1777, 8 tom. en 4 vol. in-8. v. m.

13. Oratio Dominica in CLV linguas versa et exoticis characteribus plerumque expressa. *Parmœ*, *Bodoni*, 1806, in-fol. chart. maj., br. en cart.

14. SS. Patrum qui temporibus apostolicis floruerunt Opera, ex recognitione J. B. Cotelerii. *Antuerpiœ*, 1698, 2 vol. in-fol. v. f.

15. Philonis Judæi Opera, gr. et lat., edente Dav. Hæschelio. *Coloniœ Allob.*, 1613, in-fol.

16. S. Dionysii Areopagitæ Opera, gr. et lat., edente Balth. Corderio. *Antuerpiœ*, 1634, 2 vol. in-fol. v. j.

17. S. Justini Opera, gr. et lat., operâ et studio Monachorum ordinis S. Bened. *Parisiis*, 1742, in-fol. v. m.

18. Clementis Alexandrini Opera, gr. et lat., curâ Frontonis Ducæi. *Parisiis*, 1629, in-fol. d. rel.

19. Les Œuvres de S. Clément d'Alexandrie, trad. du grec. *Paris*, 1696, in-8. v. br.

20. M. Minucii Felicis Octavius, cum notis variorum, ex recensione Jac. Ouzelii. *Lugd. Bat.*, 1672, in-8. vél.

21. Tertulliani Apologeticus, cum notis variorum, studio Sig. Havercampi. *Lugd. Bat.*, 1718, in-8. vél.

22. Origenis contra Celsum libri octo; ejusdem Philocalia, gr. et lat., ex recognitione et cum annotation. G. Spenceri. *Cantabrigiœ*, 1658, in-4. d. rel.

23. Traité d'Origène contre Celse, traduit du grec par E. Bouhéreau. *Amsterd.*, 1700, in-4., vél.

24. S. Cæc. Cypriani Opera, edente Dodwell. *Amstel.*, 1700, in-fol. v. br.

25. Eusebii Pamphili Demonstratio et Præparatio Evangelica, gr. et lat., edente Fr. Vigero. *Rothom.*, 1628, 2 vol. in-fol. v. f.

26. La Cité de Dieu de S. Augustin, trad. par Lombert. *Paris*, 1675, 2 vol. in-8. v. br.

27. The Divine Legation of Moses demonstrated on the Principles of a religious Deist, by W. Warburton. *Lond.*, 1742, 3 vol. in-8. v. m.

28. Discours de l'Empereur Julien contre les Chrétiens, trad. par d'Argens. *Berlin*, 1768, in-8. d. rel. — Défense du Paganisme, du même Julien, en grec, et trad.

en français par le même d'Argens. *Berlin*, 1769, 2 vol.
in-12. d. rel.

29. Ben. de Spinosa Tractatus Theologico-Politicus. *Hamburgi*, 1670, in-4. vél.—Ejusdem Opera posthuma. *Ibid.*,
2 part. 1 vol. in-4. v. br. (deest ultimi vol. titulus.)

30. Réflexions curieuses d'un esprit désintéressé sur les
matières les plus importantes au salut, par B. de Spinosa.
Cologne, 1678, in-12. v. br. d. s. tr. (*avec le deuxième
titre : Traité des Cérémonies superstitieuses des Juifs.*)
— Réfutation des Erreurs de Spinosa, par Fénélon, Lamy
et Boullainvilliers. *Bruxelles*, 1731, in-12. v. éc. d. s. tr.

31. Anatomie de la Messe, par P. Dumoulin. *Genève*, 1636,
in-8. v. f. tr. d.

32. Le Nazaréen, ou le Christianisme des Juifs, des Gentils
et des Mahométans, trad. de l'angl. de Toland. *Londres*,
(*Hollande*), 1777, in-8. v. m.

33. La Bible enfin expliquée, par Voltaire. *Londres*, 1776,
in-8. bas. — Nouveau-Testament, par le même, formant
le tome IV de sa Philosophie. *Kell*, 1786, in-8. bas.

34. Abrégé des ouvrages d'Em. Swédenborg. *Strasbourg*,
in-8. d. rel.

35. Le Chou-King, un des livres sacrés des Chinois, trad.
par le P. Gaubil, et revu par de Guignes. *Paris*, 1770,
in-4. v. m.

36. L'Ezour-Vedam, ou ancien Commentaire du Vedam,
trad. du Samscretan (par de Sainte-Croix). *Yverdon*,
1778, 2 vol. in-12. v. f.

37. Le Bhaguat-Geeta, trad. du Samscrit, en anglais, par
Wilkins, et de l'anglais en français par Parraud. *Paris*,
1787, in-8. bas. — Bagavadam, ou Doctrine divine, ouvrage indien, par Foucher d'Opsonville. *Paris*, 1788,
in-8. bas. éc.

38. Le Coran, trad. de l'arabe par Savary. *Paris*, 1783,
2 vol. in-8. v. éc.

39. Les cinq Codes, publiés par T. D. *Paris*, 1811,
in-8. br.

40. Code de Procédure civile. *Paris*, *I. I.*, 1806,
in-4. br.

41. Dictionnaire de Législation, ou Table alphabétique des
Lois rendues depuis 1789 jusqu'à l'an 6, avec le Supplément, depuis et compris l'an 7 jusqu'au 1er vendémiaire
an 10. *Paris*, 8 vol. in-8. br.

42. Bulletin des Lois, 3e et 4e séries, 24 vol. in-8. en feuilles
(incomplet.)

SCIENCES ET ARTS.

Philosophie, Métaphysique, Morale, Éducation, Économie politique et publique.

43. Historia Philosophiæ, autore Th. Stanleio. *Lipsiæ*, 1711, 2 vol. in-4. d. rel.
44. Ger. Joh. Vossius de Philosophorum sectis. *Lipsiæ*, 1690. = Huetii Censura Philosophiæ Cartesianæ. *Helmestadii*, 1690, et alia diversorum in eodem. vol. in-4. vél.
45. Encyclopédie méthodique, 72 livraisons, in-4. br. en cart. (manque la première partie du tome VII du Discours des Arts et Métiers.)
46. Introduction à l'Analyse des Sciences, par Lancelin. *Paris*, 1801, in-8. br. (t. 1er).
47. Principes de Philosophie pour des initiés aux Mathématiques, par Valperga de Caluso. *Turin*, 1811, in-8. pap. fin, br.
48. Histoire des Causes premières, par Batteux ; et Ocellus Lucanus, en gr. et en fr., de la traduction du même. *Paris*, 1769 et 1768, 2 vol. in-8. d. rel.
49. Platonis Opera omnia quæ extant, gr. et lat., Marsilio Ficino interprete. *Francofurti*, 1602, in-fol. v. br.
50. Eadem Platonis Opera, lat., ex translatione M. Ficini. *Lugduni*, 1548, in-fol. v. br.
51. Essai historique sur Platon, par Combes Dounous. *Paris*, 1809, 2 vol. in-12. bas. j.
52. Aristotelis Opera, gr. et lat., edente Duvallio. *Parisiis*, 1654, 2 tom. 4 vol. in-fol. v. br.
53. Aristotelis Mechanica, gr. et lat. *Parisiis*, 1599, in-4. vél. — Heronis Alexandrini Spiritalium liber è græco in latinum conversus à Fed. Commandino. *Urbini*, 1575, in-4. vél.
54. Traité de Porphyre touchant l'abstinence de la chair des animaux, trad. par de Burigny. *Paris*, 1747, in-12. v. m.
55. Jamblichus, de Mysteriis Ægyptiorum, gr. et lat., edente Thomâ Gale. *Oxonii*, 1678, in-fol., vél.
56. Idem, latinè. *Lugduni*, 1549, in-16, mar. r.
57. Jamblichus, de Vitâ Pythagoricâ, gr. et lat., cum notis Lud. Kusteri. *Amstel.*, 1707, in-4. v. m.
58. La Consolation de la Philosophie de Boece, traduite (par Colesse). *Paris*, 1771, in-12, br.

59. Elementorum Philosophiæ sectio prima de corpore, autore Tho. Hobbes. *Londini*, 1655, in-8. v. br.

60. La Philosophie du Bon Sens, par d'Argens. *La Haye*, 1765, 2 vol. in-12, d. rel. — Philosophie de M. Nicolas, par Rétif-de-la-Bretone. *Paris*, 1796, 3 vol. in-12, br.

61. De M. Vernier : Délices de la vie champêtre, 1808; Caractère des Passions au physique et au moral, 1807, 2 vol. ; Notices et Observations pour préparer et faciliter la lecture des Essais de Montaigne, 1810, 2 vol. ; du Bonheur individuel, 1811 ; Abrégé analytique de la Vie et des Œuvres de Sénèque, pap. vél., en tout, 7 vol. in-8. br.

62. A Syllabus of a course of lectures on natural and experimental Philosophy; by Tho. Young. *London*, 1802, in-8. br. en cart.

63. Principes de la Philosophie naturelle. *Genève*, 1787, 2 vol. in-8. br. — La Philosophie du Ruvarebohni, ou Récit dialogué des moyens par lesquels les Ruvareheuxis, habitans de ce pays, ont été conduits au vrai et solide bonheur, par feu P. J. J. S**, et Nicolas Bugnet. *Paris*, *Le Normant*, 2 vol. in-12, br.

64. Mélanges de Politique et de Philosophie morale, par Fred. Ancillon. *Berlin*, 1801, in-8. br.

65. Discours sur la question : Quelle est la meilleure manière de rappeler à la raison les nations tant sauvages que policées, qui sont livrées à l'erreur ou aux superstitions de tout ordre, par Ancillon, *Berlin*, 1785, in-4. br.

66. De la Nature et de ses lois, par Peyrard. *Paris*, an 2, in-18, fig. br., pap. vél. — Pensées et Réflexions morales, littéraires et philosophiques, par Aug. de la Bouisse. *Paris*, 1809, in-18, br.

67. Les Lois divines dans les changemens qu'éprouve le genre humain, par Siiszmilch (en allemand). *Berlin*, 1775, 3 vol. petit in-8. br.

68. Esquisse d'un Tableau historique des progrès de l'esprit humain, par de Condorcet. *Paris*, 1795, in-8. d. rel.

69. Rod. Cudworthi Systema intellectuale, ex anglico in latinum versum à Jo. L. Moshemio. *Jenæ*, 1733, 2 vol. in-fol. v. f.

70. Projet d'Elémens d'Idéologie et Elémens d'Idéologie, par M. Destut-Tracy. *Paris*, 1801, 3 vol. in-8. bas.

71. Théorie de la Connaissance des Esprits, par Jung, dit Stilling (*en allemand*). *Leipzig*, 1808, in-8. br.

72. Eclaircissemens sur plusieurs points, concernant la

Théorie des opérations et des facultés intellectuelles,
par Octave Alex. Fallette-Barol. in-4. br.

73. Mart. Delrii Disquisitiones magicæ. *Lovanii*, 1599,
3 tom. en 1 vol. in-4. v. f.

74. La Langue des Calculs, par Condillac. *Paris*, 1798,
2 vol. in-12, v. m. — Paradoxes de Condillac, ou Réflexions sur la langue des Calculs. *Paris*, 1805, in-8.
br. — Essai sur la Théorie du Raisonnement, précédé
de la Logique de Condillac, avec des observations,
par de Nieuport. *Bruxelles*, 1805, in-12, bas.

75. La Solitude considérée relativement à l'esprit et au
cœur, trad. de l'allemand de Zimmermann, par M. Mercier. *Paris*, 1788, in-8. br.

76. Dix-neuf pièces et vol. in-4., in-8. et in-12, sur l'Instruction publique, dont les Rapports de MM. de Talleyrand-
Périgord et Chaptal ; Vues sur l'Enseignement public,
par M. de Lacépède ; Essai d'un Plan d'Enseignement
public, par P. Laboulinière.

77. Musophelie, ou Avantages des sciences et des études
perfectionnées pour l'Etat, et de ce que le 19ᵉ siècle
devrait faire pour elles, par Burmann. *Manheim*, 1805,
pet. in-8. br. (avec écriture et signature de l'auteur).

78. L'Homme de Cour, de Balthasar Gracian, trad. et
commenté par Amelot de La Houssaie. *Paris*, 1808,
in-8. bas. rac.

79. Zoroastre, Confucius et Mahomet comparés, par
M. Pastoret. *Paris*, 1787, in-8. d. rel.

80. Des Effets de la Religion de Mohammed pendant les
trois premiers siècles de sa fondation, sur l'esprit, les
mœurs et les Gouvernemens des peuples chez lesquels
cette religion s'est établie, par Oelsner. *Paris*, 1810,
in-8. br.

81. Instituts politiques et militaires de Tamerlan, trad.
par M. Langlès. *Paris*, 1787, in-8. bas.

82. Essai sur le Principe de Population, trad. de l'anglais
de Malthus, par P. Prevost. *Paris*, 1809, 3 vol. in-8.
d. rel.

83. Eclaircissemens sur les Etablissemens publics en faveur,
tant des veuves que des morts, avec la Description
d'une nouvelle Tontine, par N. Fuss. *St.-Pétersbourg*,
in-4. br. en cart.

84. Analyse et Tableaux de l'influence de la Petite-Vérole
sur la mortalité à chaque âge, et de celle qu'un pré-
servatif tel que la vaccine, peut avoir sur la popula-

tion et la longévité, par Duvillard. *Paris , Impr. Impér.*,
1806 , gr. in-4. br. en cart.

85. Mémoires sur les Hôpitaux de Paris, par M. Tenon.
Paris, 1788 , in-4. br. en cart.

86. Résultats extraits d'un ouvrage intitulé : de la Richesse
territoriale du royaume de France, par Lavoisier. *Paris*,
1791 , in-8. d. rel. — Collection de divers ouvrages d'A-
rithmétique politique, par Lavoisier , de Lagrange et
autres. *Paris* , an 4 , in-8. , *id.* — Essai d'Arithmétique
politique, par Diannyère. *Paris*, 1800 , in-8. d. rel.

87. Mémoires statistiques des Départemens du Doubs ,
de l'Indre , de la Lys , de la Meurthe , de la Moselle et
du Rhin-et-Moselle. *Paris , Impr. Impér.* , 1804, 6 vol.
in-fol. , rel. en cart.

88. Douze vol. et brochures in-4., in-8., in-12, sur la Statistique de la France.

89. Tables de Population des Etats-Unis , par Muller, (*en
allemand*). *Berlin* , 1799 , in-fol. , pap. vél. rel. en cart.

90. Tableau d'Arithmétique linéaire , du Commerce, des
Finances , et de la Dette nationale de l'Angleterre , par
W. Playfair , traduit de l'anglais. *Paris* , 1789 , in-4.
fig. br.

91. Onze vol. et pièces in-4. et in-8. , sur les Monnaies et
sur le Système monétaire , dont Essais sur les Monnaies
anciennes et modernes, par M. Rochon, 1792 , in-8. br.

92. Vingt-cinq Pièces in-4. , in-8. et in-12, br. sur le
Nouveau Système des Poids et Mesures.

93. Dix vol. et pièces in-4. et in-8. , dont l'Agriculture
considérée dans ses rapports avec l'économie politique ;
Discours sur les services rendus à l'Agriculture par les
Femmes , et Exposé des Améliorations introduites dans
les diverses branches de l'Economie rurale du département des Hautes-Alpes.

Physique et Histoire naturelle générale et particulière.

94. Histoire philosophique des Progrès de la Physique, par
M. Libes. *Paris*, 1810, 3 vol. in-8. br.

95. Nouveau Dictionnaire de Physique, par le même. *Paris*,
1806 , 4 vol. in-8. fig. d. rel.

96. La Physique réduite en Tableaux raisonnés , par M. Bar-
ruel. *Paris*, 1799, in-4. br. en cart. — Programmes, ou —

Précis de Leçons d'un Cours de Physique, par M. Hachette.
Paris, 1809, in-8. d. rel.

97. Traité élémentaire de Physique, par M. Haüy. *Paris*,
1803, 2 vol. in-8. fig. bas. rac.

98. Le même. *Paris*, 1806, 2 vol. in-8. fig. bas.

99. Physique mécanique, par E. G. Fischer, traduite de
l'allem. avec des notes de M. Biot. *Paris*, 1806, in-8. bas.

100. Ch. Am. Kraszenstein Tentamen resolvendi Problema geographico-magneticum. *Petropoli*, 1798, in-4.
br. en cart.

101. De l'Origine des Forces magnétiques, par Prevost.
Genève, 1788, in-8. bas. rac. — Recherches physico-
mécaniques sur la Chaleur, par le même. *Ibid.*, 1792,
in-8. bas. rac.

102. Du Magnétisme animal, considéré dans ses rapports
avec diverses branches de la Physique générale, par
M. Chastenet de Puységur. *Paris*, 1807, in-8. br.

103. Sept vol. et pièces in-4. et in-8., dont Recherches sur
le bois et le charbon, et Recherches sur la chaleur développée dans la combustion et dans la condensation des
vapeurs, par de Rumfort; Mémoire sur la meilleure construction de Fours à briques, à chaux, etc., par Baussau-
du-Bignon. *Berlin*, 1766, et Théorie des foyers de cuisine
et des poêles, par Ritter. 1768.

104. Du Calorique rayonnant, par P. Prevost. *Paris*, 1809,
in-8. bas. rac.

105. Essai sur le Galvanisme, par J. Aldini. *Paris*, 1804,
in-4. fig. br.

106. Traités de l'Equilibre des Liqueurs et de la Pesanteur
de la Masse de l'air, par Pascal. *Paris*, 1698, in-12. v. m.
— Traités de Mécanique, de l'Equilibre, des Solides et
des Liqueurs, par le P. Lamy. *Amst.*, 1734, in-12. v. br.

107. Essai analytique sur l'air pur et les différentes espèces
d'air, par Delamétherie. *Paris*, 1788, 2 vol. in-8. d. rel.
— Estimation de la Température de différens degrés de
latitude, trad. de l'angl. de Kirwan par Adet. *Paris*,
1789, in-8. d. rel. — Essai sur le Phlogistique et sur
la Constitution des Acides, trad. de l'angl., du même,
avec des notes. *Ibid.*, 1788, in-8. d. rel.

108. On the Theory of Light and Colours, by Th. Young.
London, 1802, in-4. fig. pap. vél. br. — On the mecha-
nism of the Eye, by Th. Young. *London*, 1801, in-4.
fig. pap. vél. br.

109. Théorie de la double réfraction de la lumière dans

les substances cristallisées, par M. Malus. *Paris*, 1810,
in-4. bas. rac. — Rapport fait à l'Institut, par M. de
Laplace, sur le Mémoire précédent. *Paris*, 1808, in-4. br

110. Mémoire sur les chutes des Pierres tombées sur la
surface de la terre, par M. Bigot de Morogues. *Orleans*,
1812, in-8. br. en carton.

111. Expériences et Observations sur la pesanteur spéci-
fique de divers Sels, par Kirwan, trad. de l'anglais (*en
allemand*) par Crell. *Berlin*, 1783, in-8. br.

112. Essais sur l'Hygrométrie, par de Saussure. *Neuchâtel*,
1783, in-4. d. rel.

113. Il Movimento naturale, e artificiale dei fluidi, esposto
e dimostrato con decisivi esperimenti, opera del Martino
Clare. *Firenze*, 1783, gr. in-8. br.

114. Œuvres de Franklin, trad. de l'angl. par Barbeu Du-
bourg. *Paris*, 1773, 2 tom. 1 vol. in-4. d. rel.

115. Essais politiques, économiques et philosophiques, par
le comte de Rumford. *Genève*, 1799, 2 vol. in-8. bas. —
Xe Essai du même, trad. de l'angl. par Tanneguy de
Courtivron. *Paris*, 1802, in-8. fig. br. — Mémoires sur
la Chaleur, par le comte de Rumford. *Paris*, 1804, in-8. br.

116. Journal de Physique, de Chimie, d'Histoire naturelle
et des Arts, par M. Delamétherie, in-4. br. (Les années
1809, 1810, 1811, 1812 et les trois premiers mois de
1813 ; manquent juillet et septembre 1811).

117. Mémoires de Physique et de Chimie de la Société
d'Arcueil. *Paris*, 1807, in-8. bas. rac.

118. Quarante-huit volumes et pièces in-4. et in-8. sur la
Physique, dont Histoire de la Création, tirée des Archives
du Ciel, trad. de l'espagnol (par M. Duval de Brest);
Exposé des effets de la Contagion nomenclative, par
M. Sage; Mémoires sur différentes questions relatives à
la Physique générale, par Druet ; Essai sur la Force ani-
male et sur le Principe du mouvement volontaire ; Sul
freddo prodotto dall' evaporazione dell' acqua, Memoria
di P. Configliachi. *Pavia*, 1811.

119. Neuf volumes et pièces in-4. et in-8., latines, italiennes et françaises, de M. Ant. M. Vassali-Landi, sur
divers sujets de Physique, etc.

120. C. Plinii Secundi Historia Mundi. *Lugduni*, 1552,
in-fol. m. mar. tr. d.

121. Histoire naturelle de Pline, trad. en français par Poin-
sinet de Sivry, avec le texte. *Paris*, 1771, 12 vol. in-4.
bas. rac.

122. Opere di Fr. Redi. *Napoli*, 1741, 7 tom. en 2 vol. in-4. demi-rel.

123. Théorie de la Terre, par M. Delamétherie. *Paris*, 1797, 5 vol. in-8. d. rel.

124. Introduction à la Géologie ou à l'Histoire naturelle de la Terre, trad. de l'italien de Breislak, par Bernard. *Paris*, 1812, in-8. d. rel.

125. Renouvellemens périodiques des Continens terrestres. par Bertrand. *Genève*, 1803, in-8. br. — Hydrogéologie, par M. Lamarck. *Paris*, an 10, in-4. v. rac. fil.

126. Traité de Minéralogie, par M. Haüy. *Paris*, 1801, 4 v. in-8. v. m. et atlas in-4. d. rel.

127. Du même. Essai d'une Théorie sur la structure des Cristaux, 1784, in-8. v. j. — Exposition abrégée de la Théorie sur la structure des Cristaux. 1792, in-8. br. — Tableau comparatif des résultats de la Cristallographie et de l'Analyse chimique, relativement à la classification des Minéraux. 1809, in-8. d. rel. — Exposition de la Théorie de l'électricité et du magnétisme. 1787, in-8. demi-rel.

128. Manuel du Minéralogiste de Bergman, traduit par Mongez. *Paris*, 1784, in 8. d. rel. — Leçons de Minéralogie, par M. Delamétherie. *Paris*, 1811, 2 vol. in-8. br.

129. Principes de Minéralogie, par Kirwan, traduits (*en allemand*) par Crell. *Berlin*, 1785, in-8. br.

130. Cinq pièces in-8. sur la Minéralogie, dont : Tableau méthodique des Minéraux, par Daubenton; Extrait du Traité élémentaire de Minéralogie, par M. Haüy; et Tableau synoptique d'Oréognosie, par Tondi.

131. Tableau méthodique des Espèces Minérales, par M. Lucas. *Paris*, 1806, 2 vol. in-8. br.

132. Essai sur la Minéralogie des Monts-Pyrénées. *Paris*, 1784, in-4. fig. d. rel.

133. Essai sur la Géographie minéralogique des environs de Paris, avec une carte géognostique et des coupes de terrain, par MM. Cuvier et Brongniart. *Paris*, 1811, in-4. br.

134. Journal des Mines, de l'an 3 à l'an 7, 49 numéros in-8. br. (Les numéros 41 et 42 manquent).

135. Car. Linnæi Philosophia botanica, curâ J. G. Gleditsch. *Berolini*, 1780, in-8. d. rel. — Ejusdem Genera Plantarum, curante J. Jac. Reichard. *Francofurti ad Mœn.*, 1778, in-8. bas.

136. Ejusdem Linnæi Systema Plantarum, curâ ejusdem Reichard. *Francof. ad Mœn.*, 1779, 4 vol. in-8. bas.

137. Revue générale des écrits de Linné, trad. de l'anglais de R. Pulteney, par M. Millin de Grandmaison. *Paris*, 1789, 2 vol. in.8. bas.

138. A. Laurentii de Jussieu Genera Plantarum, secundùm ordines naturales disposita. *Parisiis*, 1789, in-8. v. m.

139. Curtii Sprengel Historia Rei herbariæ. *Argentorati*, 1808, 2 vol. in-8. bas. rac.

140. Pinax Botanicum, operâ Christ. Mentzelii. *Berolini*, 1682, in-fol. fig. rel. en cart. — Herbario Nuovo di Castore Durante. *Venetia*, 1684, in-fol. vél.

141. Elémens de Botanique de Pitton de Tournefort, publiés par Jolyclerc. *Lyon*, 1797, 6 vol. in-8. fig. bas.

142. Démonstrations élémentaires de Botanique. *Lyon*, 1787, 3 vol. in-8. fig. bas.

143. Tableau du Règne végétal, par Ventenat. *Paris*, 1799, 4 vol. in-8. v. m.

144. Manuel des Végétaux, par J. J. de Saint-Germain. *Paris*, 1784, in-8. v. m. — Le Botaniste français, par Barbeu-Dubourg. *Paris*, 1767, 2 vol. in-12, br.

145. Flore Française, par M. de Lamarck. *Paris*, 1778, 3 vol. in-8. fig. v. m.

146. Seize volumes et pièces in-4. et in-8., dont : Tableau de l'Ecole de Botanique du Jardin des Plantes de Paris; Fr. W. Ant. Luders Nomenclator botanicus stirpium Marchiæ Brandenburgicæ. *Berolini*, 1786; Essai sur les Phénomènes de la végétation, par Féburier, 1812.

147. Traité d'Anatomie et de Physiologie végétales, par Brisseau-Mirbel. *Paris*, 1802, 2 vol. in-8. fig. v. rac. d. s. tr.

148. Exposition et Défense de ma Théorie de l'Organisation végétale, par Brisseau-Mirbel, publiée en hollandais par Bilderdyk, avec le texte franç. *La Haye*, 1808, in-8. fig.

149. Le Règne végétal d'après le système de Linné, par Dietrich (*en allemand*). *Erfurt*, 1770, 2 vol. pet. in-8. br. en carton.

150. Instruction pour la connaissance de quelques Plantes et Arbres indigènes de l'Allemagne, par Essen (*en allem.*) *Weimar*, 1804, in-8. br. en cart. — Description du Chiendent, par Schreber (*en allemand*). *Leipzig*, 1772, in-4. br.

151. Recherches sur les Végétaux nourrissans, par M. Parmentier. *Paris*, *Imp. Royale*, 1781, in-8. br. — Analyse des Blés, par M. Sage, 1776. — Réflexions et Expériences relatives à l'Analyse des Blés, par M. Parmentier,

1776. — Traité des Maladies des grains, par M. Tessier, 1783, in-8. 3 vol. br.

152. Nouvelle Mécanique des Mouvemens de l'homme et des animaux, par Barthez. *Carcassonne*, an 6, in-4. d. rel.

153. Rapports du Physique et du Moral de l'homme, par Cabanis. *Paris*, 1802, 2 vol. in-8. bas.

154. Expériences sur le Principe de la Vie, par Legallois. *Paris*, 1812, in-8. br.

155. Le Tableau naturel de l'Homme, ou Observations physiognomoniques sur les divers caractères des Hommes, par Clairier. *Strasbourg*, 1794, in-8. br. — Le Physionomiste, ou l'Observateur de l'Homme, trad. du latin de Porta. *Paris*, 1808, in-8. br.

156. Essai sur la Chaleur des animaux, par Crawford, trad. de l'angl. (*en allem.*), par Crell. *Leipzig*, 1789, in-8. br.

157. Recherches sur les Ossemens fossiles des quadrupèdes, (par M. Cuvier.) in-4. br.

158. Neuf pièces in-4. et in-8. br. sur les Bêtes à laine, dont : Mémoire sur les troupeaux de progression, et Observation sur la monte et l'agnelage, par M. Morel de Vindé. — Saggio sull' introduzione delle pecore da lana soprafina nel Piemonte.

159. Mémoires pour servir à l'Histoire des Insectes, par de Réaumur. *Paris*, 1734, 6 vol. in-4. fig. br. en cart.

160. Huit volumes et pièces in-4. et in-12, dont Nouvelles Observations sur les Abeilles, par Huber. 1796, in-12. br.

Médecine, Chirurgie, Anatomie, Pharmacie, Chimie, et Médecine vétérinaire.

161. Histoire de la Médecine, par Sprengel, (*en allemand*). *Halle*, 1800, 5 vol. in-8., bas.

162. Essai d'une Histoire pragmatique de la Médecine, par Kurt Sprengel, trad. de l'allemand par Geiger. *Paris*, *Impr. Impér.*, 1809, 2 vol. in-8. d. rel.

163. Dictionnaire historique de la Médecine, par Eloy. *Liége*, 1755, 2 vol. in-8. v. m.

164. Coup d'œil sur les Révolutions et sur la Réforme de la Médecine, par Cabanis. *Paris*, 1804, in-8. bas.

165. Des Erreurs populaires relatives à la Médecine, par Richerand. *Paris*, 1810, in-8. d. rel.

166. Œuvres médicales d'Hippocrate, trad. du grec. *Toulouse*, 1801, 4 vol. in-8. bas. rac.

167. Alberti V. Haller primæ Lineæ Physiologiæ, auctæ
ab H. A. Wrisberg. *Goettingæ*, 1780, in–8. bas. —
Christiani Kramp de Vi vitali arteriarum diatribe, ad-
ditâ novâ de febrium indole generali Conjecturâ. *Ar-*
gentorati, 1786, in-8. br. en cart. — Sylloge selectio-
rum opusculorum de mirabili Sympathiâ quæ partes
inter diversas corporis humani intercedit; edente Jo.
Ch. Fr. Schlegel. *Lipsiæ*, 1787, in-8. br.

168. Principes de Physiologie, par **Dumas.** *Paris*, 1800,
3 vol. in-8. d. rel.

169. Pathologie de Gaubius, trad. du lat., par Sue. *Paris*,
1788, in-8. bas.

170. Nosologia methodica juxta Sydenhami mentem, autore Boissier de Sauvages. *Amstelod*, 1763, 5 v. in-8. bas.

171. La même, trad. en fr., par Gouvion. *Lyon*, 1772,
9 vol. in-12, br.

172. Autre traduction fr., par Nicolas. *Paris*, 1771,
3 vol. in-8. bas.

173. Jacobi Gregory, Conspectus Medicinæ theoreticæ,
Edinburgi, 1782, 2 vol. in-8. bas.

174. Elémens de Médecine théorique, par Cullen, trad.
de l'anglais (*en allemand*). *Leipzig*, 1786, in-8. br.

175. Elémens de Médecine pratique, trad. de l'anglais de
Cullen, par Bosquillon. *Paris*, 1785, 2 v. in-8. bas.

176. Traité de Matière médicale, trad. de l'anglais de
Cullen, par M. Bosquillon. *Paris*, 1789, 2 v. in-8. d. rel.

177. La même, traduite en allemand, par Ebeling. *Leip-*
zig, 1781, in-8. d. rel. — Observations sur les Maladies des armées, par Pringle, trad. de l'anglais en allemand, par Brande. *Altenburg*, 1772, in-8. br.

178. Traité de la Médecine pratique de Lieutaud, trad.
en allem. *Leipsig*, 1777, 4 vol. in-8. — Traité d'Anatomie par le même, aussi trad. en allemand. *Leipsig*,
1782, 2 vol. in-8. Les 8 vol. d. rel.

179. Rœderi et Wagleri Tractatus de Morbo mucoso.
Goettingæ, 1783, pet. in-8. br.

180. La Médecine Puerpérale, ou des Accidens de la
Maternité, par Plessmann. *Paris*, 1797, in-12, bas.
— Traité Médico-Philosophique sur la Manie, par
M. Pinel. *Paris*, 1801, in-8. br. — Dissertation sur les
Fièvres pernicieuses, ou ataxiques intermittentes, par
M. Alibert. *Paris*, 1801, in-8. br. en cart.

181. Traité des Maladies vénériennes, trad. de l'anglais
de Hunter, par Audiberti. *Paris*, 1787, in-8. bas.

182. Traité complet des Maladies syphillitiques, par Swediaur. *Paris*, 1809, 2 vol. in-8. d. rel.
183. Vingt-trois vol. et pièces in-4. et in-8. sur la Médecine et la Chirurgie, dont Jos. Hyac. Rizzeti Specimen de Phthisi pulmonali.
184. Mémoires de Chirurgie militaire, et Campagnes de de D. J. Larrey. *Paris*, 1812, 3 vol. in-8. br.
185. Expériences sur diverses Questions chirurgicales, par Makbride, trad. de l'anglais en allemand, par Rahn. *Zurich*, 1776, pet. in-8. br. — Histoire naturelle des Dents, par Hunter, trad. de l'anglais en allemand. *Leipzig*, 1780, in-8. br.
186. Nouvelles Considérations sur le Cautère actuel, par Imbert Delonnes. *Avignon*, 1812, in-8., p. vél. br.
187. Traité complet d'Anatomie, par Sabatier. *Paris*, 1791, 3 vol. in-8. bas.
188. Anatomie générale, par Bichat. *Paris*, 1801, 4 vol. in-8. d. rel.
189. Cours d'Anatomie médicale, par Portal, avec la Table alphabétique des matières, rédigée par Cornac. *Paris*, 1804, 6 vol. in-8. bas.
190. Elémens d'Anatomie, à l'usage des peintres, sculpteurs, etc., par Sue. *Paris*, 1788, gr. in-4. fig. br. en cart.
191. R. De Graaf, de virorum et mulierum organis generationi inservientibus, etc. *Lugd. Bat.*, 1668 et 1672, 2 vol. in-8. fig. mar.
192. Elémens de Pharmacie, par Baumé. *Paris*, 1790, in-8. bas. — Code pharmaceutique, à l'usage des hospices civils, par M. Parmentier. *Paris*, 1803, in-8. d. rel.
193. Dispensatorium regium Borusso – Brandenburgicum. *Berolini*, 1781, in-4. br. en cart. — Synthesis oxigenii experimentis confirmata, edente Frid. Lud. Schurer. *Argentorati*, 1789, in-4. br.
194. Dictionnaire de Chimie, par Macquer. *Paris*, 1778, 4 vol. in-8. v. m.
195. Dictionnaire de Chimie, par Klaproth et Wolff, trad. de l'allemand, avec des Notes, par M. Bouillon-Lagrange et Vogel, *Paris*, 1810, 4 vol. in-8. d. rel.
196. Traité élémentaire de Chimie, par Lavoisier. *Paris*, 1789, 2 vol. in-8. d. rel. — Mémoires de Chimie, par le même, 2 vol. in-8. d. rel.
197. Opuscules physiques et chimiques, par Lavoisier, *Par.*, 1774, in-8. — Méthode de Nomenclature chimique, par de Morveau, Lavoisier, etc., 1787, in-8. Les 2 vol. d. rel.

198. Elémens d'Histoire Naturelle et de Chimie, par Fourcroy. *Paris*, 1789, 5 vol. in-8. d. rel.

199. Elémens de Chimie expérimentale, trad. de l'angl. de Henry, par Gaultier-Claubry. *Paris*, 1812, 2 vol. in-8. d. rel.

200. Essai de Statique chimique, par Berthollet, *Paris*, 1803, 2 vol. in-8. d. rel.

201. Recherches Physico-Chimiques, par MM. Gay-Lussac et Thenard. *Paris*, 1811, 2 vol. in-8. d. rel.

202. Aperçu des résultats obtenus de la Fabrication des sirops et des conserves de raisins, etc., par M. Parmentier. *Paris, Impr. Impér.*, 1812, in-8. br. — Essai sur le perfectionnement des Arts chimiques en France, par M. Chaptal, an 8. — Traité du Blanchissage à la vapeur, par M. Curaudeau, 1806, in-12, br. — Description du Blanchîment des toiles et des fils par l'acide muriatique oxigéné, par M. Berthollet, in-8. br.

203. Ippometria ossia della Conformazione esterna del cavallo, dell asino e del mulo, etc., di Gioanni Brugnone. *Torino*, 1802, in-8. bas. j. — Essai sur les Bandages et les Appareils chirurgicaux pour les chevaux et les quadrupèdes, par Bourgelat, trad. en allem. *Berlin*, 1801, in-8. br.

204. Cinq Pièces in-8., sur l'Art vétérinaire et les Haras, dont : Nouvelle Doctrine sur la Médecine des chevaux, par Crachet, et Instruction sur l'amélioration des chevaux en France, par M. Huzard.

MATHÉMATIQUES.

§ Ier.

Histoire des Mathématiques ; Mathématiciens anciens, grecs et latins ; Cours et Elémens généraux ; Auteurs qui ont écrit sur plusieurs parties des Mathématiques.

205. Histoire des Mathématiques, par Montucla. *Paris*, 1758, 2 vol. in-4. v. m.

206. La même, augmentée. *Paris*, 1799, 4 v. in-4. v. m.

207. Essai sur l'Histoire générale des Mathématiques, par Bossut. *Paris*, 1802, 2 vol. in-8. bas.

208. La même. *Paris*, 1810, 2 vol. in-8. bas. rac.

209. Histoire des Mathématiques, par Kastner, (*en allemand*). *Gottingue*, 1796, 4 vol. in-8. d. rel.

210. Littérature des Sciences mathématiques , par Murhard (*en allem.*). *Leipzig*, 1797, 5 vol. in-8. d. rel.

211. Introduction à la connaissance des livres de Mathématiques, 7ᵉ cahier (*en allemand*). *Breslau*, 1775, pet. in-8. br.

212. Archives des Mathématiques pures et appliquées , par Hindenburg. (*en allem.*). *Leipzig*, 1794, 2 part. in-8. br.

213. Euclidis quæ supersunt omnia , ex recens. Dav. Gregorii. *Oxoniæ*, 1703, in-fol. fig. Ch. M.

214. Euclidis Elementa latinè, edente Clavio. *Coloniæ*, 1591, in-fol. vél. — Proclus Diadochus in primum Euclidis Elementorum librum , operâ Fr. Barocii. *Patavii*, 1560, in-fol. v. m.

215. Elementorum Euclidis libri **xv**, ad græci contextûs fidem recensiti, curâ Geo. Frid. Baermanni. *Lipsiæ*, 1769, in-8 v. m.

216. Euclidis Elementorum libri priores sex, item **xi**ᵘˢ et **xii**ᵘˢ ex versione latinâ Fred. Commandini, (curâ Joannis Keill). *Oxoniæ*, 1747, in-8. d. rel.

217. Idem Opus, curâ Roberti Simson. *Glasguæ*, 1756, in-4. v. m.

218. Euclide's Elements with Archimedes's theorems of the sphere, etc. by Is. Barrow, corrected by Tho. Haselden. *London*, 1732, in-8. v. br.

219. The Elements of Euclid by Rob. Simson. *Glasgow*, 1762 , gr. in-8. d. rel.

220. Les Elémens d'Euclide, traduits par Déchalles et Ozanam, revus par Audierne. *Paris*, 1778, in-12 bas. —Les mêmes, trad. par Peyrard. *Paris*, 1804, in-8. v. rac.

221. La même traduction de Peyrard. *Paris*, 1809, in-8. bas. rac. — Elémens de Géométrie ou les six livres d'Euclide , avec le 11ᵉ et le 12ᵉ, trad. par Fred. de Castillon, *Berlin*, 1777, in-8. d. rel. — Théorie de la vis d'Archimède, par Paucton. *Paris*, 1768, in-12, br.

222. Apollonii Pergæi Conicorum libri **viii** , et Serenus Antissensis de sectione cylindri et coni, gr. et lat., edente Halleio. *Oxoniæ*, 1710, in-fol. fig. v. f.

223. Idem Apollonius , de sectione rationis et de sectione spatii , ex arabico latinè versus, operâ Edm. Halley. *Oxonii*, 1706, in-8. v. br.

224. Archimedis, quæ supersunt omnia , gr. et lat. ex recensione Torelli. *Oxonii*, 1792, in-fol. d. rel. , Ch. M.

225. Archimedis Opera, Apollonii Pergæi conicorum libri et Theodosii sphærica, latinè, ex recensione Is. Bar-

row. *Londini*, 1675, in-4. d. rel. — Ejusdem Barrow
Lectiones opticæ et geometricæ. *Ibid.*, 1674, in-4. d. rel.
— Euclidis elementa, latinè, operâ ejusd. Barrow. *Ibid.*,
1678, in-8. bas.

226. Œuvres d'Archimède, trad. et commentées par M. Peyrard. *Paris*, 1807, in-4. v. rac.

227. Composition mathématique, ou Almageste de Ptolémée, trad. par M. Halma, avec le texte grec et notes
de M. Delambre. *Paris*, 1813, gr. in-4. br. (t. 1er.)

228. Diophanti Alexandrini Arithmetica, gr. et lat., cum notis Bacheti et P. de Fermat. *Tolosæ*, 1670, in-fol. d. r.

229. Eratosthenis Catasterismi, græcè, cum interpretatione
latinâ et commentario, curâ Jo. Conr. Schaubach.
Gottingæ, 1795, in-8. d. rel.

230. Pappi Alexandrini Mathematicæ Collectiones, à F. Commandino in latinum conversæ. *Bononiæ*, 1619, in-f. v. m.

231. Claudii Milliet de Chales Cursus seu Mundus mathe-
maticus. *Lugduni*, 1674, 3 vol. in-fol. v. br.

232. Christ. Wolfii Elementa matheseos universæ. *Genevæ*,
1732, 5 v. in-4. v. j.

233. Cours de Mathématiques, par Camus. *Paris*, 1768,
4 vol. in-8. v. m.

234. De Bezout : Cours de Mathématiques, 1° à l'usage
de l'Artillerie. *Paris*, 1797, 4 vol.; 2° à l'usage de la
Marine. *Paris*, 1798, 6 v.; les 10 vol. gr. in-8. bas. rac. fil.

235. Elémens de Mathématiques, par Roger Martin. *Paris*, an 10, in-8. br.

236. Elementi di Matematica ad uso delle regie scuole.
Parma, 1770, 2 vol. in-8. d. rel.

237. Elementi di Matematica dell' ab. Fr. Venini. *Milano*,
1802, 3 tom. en 5 vol. in-8. br.

238. Dialogo del Galileo Galilei sopra i due Sistemi del
Mondo, Tolemaico e Copernicano. *In Fiorenza*, 1632,
in-4. v. f.

239. Tutte Opere del medesimo. *Bologna*, 1655, 13 part,
2 vol in-4. d. rel.

240. Opere di Galileo Galilei. *Firenze*, 1718, 3 v. in-4. vél.

241. Discorsi e Dimostrazioni matematiche attenenti alla
Mecanica et i movimenti locali del Galileo Galilei. *In
Leida, Elzevir*, 1638, in-4. vél. — Questions physiques,
morales et mathém. (par le P. Mersenne). = Questions
Mécaniques de Galilée, avec plusieurs additions, trad.
de l'italien, par le même. = Les Préludes de l'Harmonie
universelle, par le même. *Paris*, 1634, 3 part. 1 v. in-8. v. f.

242. Petri de Fermat varia Opera mathematica. *Tolosæ*, 1679, p. in-fol. v. br.

243. Fr. Vietæ Opera mathematica, curâ Francisci à Schooten. *Lugd. Bat.*, *Elzev.*, 1646, pet. in-fol. v. br.

244. Joannis Wallis Opera mathematica. *Oxoniæ*, 1695, 3 vol. in-fol. v. j.

245. Œuvres mathématiques de Simon Stevin, avec les Mémoires mathématiques de Maurice de Nassau. *Leyde*, *Elzev.*, 1634, in-fol. d. rel.

246. Renati Descartes Geometria. *Amstelod.*, *Elzev.*, 1659, 2 vol. in-4., v. br. — Ejusd. Descartes Opuscula posthuma physica et mathematica. *Amstelod.*, 1701, in-4. v. br. — Franc. à Schooten Exercitationum mathematicarum liber primus. *Lugd. Bat.*, *Elzev.*, 1657, in-4. v. br.

247. Du même Descartes : Discours de la Méthode. *Paris*, 1668, 1 vol. — Principes de la Philosophie, 1681, 1 vol. — La Géométrie, 1664, 1 vol. — Lettres sur la Morale, la Physique, les Mathématiques, etc., 1667, 3 vol. ; les 6 vol. in-4. v. br.

248. Œuvres de Bl. Pascal, publiées par M. Bossut. *La Haye (Paris)*, 1779, 5 vol. in-8. v. m.

249. Isaaci Newtoni Philosophiæ naturalis Principia mathematica. *Londini*, 1687, in-4. v. j.

250. Eadem. *Cantabrigiæ*, 1713, in-4. v. br.

251. Eadem. *Londini*, 1726, in-4. v. br., Ch. M.

252. Eadem Philosophiæ naturalis Principia mathematica, cum Commentariis Th. Leseur et Fr. Jacquier. *Coloniæ Allobr.*, 1740, 3 vol. in-4. d. rel.

253. Eadem, cum Commentationibus Jo. Tessanek, Le Seur et Jacquier. *Pragæ*, 1780 et 1785, 2 vol in-4. bas. et br.

254. Ejusd. Newtoni Opuscula mathematica, philosophica et philologica, collegit partimque latinè vertit ac recensuit Joh. Castillioneus. *Lausannæ*, 1744, 3 vol. in-4. v. br.

255. A View of Is. Newton's Phylosophy, by Pemberton. *Dublin*, 1728, in-8. v. m. — Ejusd. Newtoni Arithmetica universalis. *Londini*, 1722, in-8. v. j. — Ejusdem Enumeratio linearum tertii ordinis ; sequitur Illustratio ejusdem tractatûs, autore Jac. Stirling. *Parisiis*, 1797, in-8. d. rel.

256. Ejusd. Newtoni Arithmetica universalis. *Lugd. Batav.*, 1732, in-4. vél.

257. Ejusdem Analysis per quantitatum series, fluxiones, ac differentias. *Londini*, 1721, in-4. d. rel.

258. Newton's Opticks, also two treatises of the species and magnitude of curvilinear figures. *London*, 1704. in-4. v. j.

259. Idem Opus latinè redditum à Samuele Clarke. *Lausannœ*, 1740, in-4. v. m.

260. Optique de Newton, trad. en fr., par Marat, et publiée par Beauzée. *Paris*, 1787, 2 vol. in-8. d. rel.

261. La Méthode des fluxions et des suites infinies, trad. de Newton (par Buffon). *Paris*, 1740, in-4. bas.

262. Principes mathématiques de la Philosophie naturelle, par Mme Duchastellet. *Paris*, 1759, 2 vol. in-4. v. m.

263. Chr. Hugenii Opera varia. *Lugd. Batav.*, 1724, 2 t. 1 vol. in-4. v. m.— Ejusdem Opera reliqua. *Amstelod.*, 1728, 2 vol. in-4. v. m.

264. Jacobi Bernoulli Opera. *Genevœ*, 1744, 2 v. in-4. bas.

265. Ejusdem Ars conjectandi. *Basileœ*, 1713, p. in-4. v. f.

266. Joannis Bernoulli Opera omnia. *Lausannœ*, 1742, 4 vol. in-4. bas.

267. Leibnitii et Joh. Bernoulli Commercium philosophicum et mathematicum. *Laus.*, 1745, 2 t. en 1 v. in-4. d. r.

268. s'Gravesande Physices Elementa mathematica. *Leidœ*, 1748., 2 vol. in-4. bas.

269. Œuvres philosophiques et mathématiques de 'sGravesande, publiées par Allamand. *Amst.*, 1774, 2 tom. 1 vol. in-4. v. m.

270. Leonardi Euleri Opera varia, *scilicet:* Mechanica, sive motûs Scientia analyticè exposita. *Petropoli*, 1736, 2 v. in-4. d. rel. — Tentamen novæ theoriæ musicæ. *Ibid.* 1739, in-4. v. j. — Méthodus inveniendi lineas curvas. *Lausannœ*, 1744., in-4. d. rel. — Theoria motuum planetarum et cometarum. *Berolini*, 1744, in-4. v. m. — Opuscula varii argumenti. *Berolini*, 1746, in-4. d. rel. —Introductio in analysin infinitorum. *Lausannœ*, 1748, 2 tom. en 1 vol. in-4. d. rel. — Scientia navalis. *Petrop.*, 1749, 2 vol. in-4. v. j. — Institutiones Calculi differentialis, cum ejus usu in analysi finitorum ac doctrinâ serierum. *Petropoli*, 1755, in-4. d. rel. — Theoria motûs corporum solidorum seu rigidorum. *Rostochii*, 1765, in-4. d. rel. — Institutiones Calculi differentialis. *Petropoli*, 1768, et annis seq. 4 vol. in-4. d. rel.—Opuscula analytica. *Ibid.*, 1783, 2 vol. in-4. br. en cart.

271. Recherches sur les inégalités de Jupiter et de Saturne, par L. Euler. *Paris*, 1769, in-4. d. rel.

272. Lettres d'Euler à une Princesse d'Allemagne, sur quelques sujets de physique et de philosophie, publiées par M. Labey. *Paris*, 1812, 2 vol. in-8. pap. vél. fig. br.

273. Introduction à l'analyse infinitésimale, trad. du lat. de L. Euler, par M. Labey. *Paris*, 1796, 2 v. in-4. d. rel.

274. Elémens d'Algèbre, trad. de l'allemand de L. Euler. *Lyon*, 1774, 2 vol. in-8. bas.

275. Les mêmes, avec notes de M. Lagrange. *Paris*, 1798, 2 vol. in-8. v. m.

276. Les mêmes, avec les notes de M. Garnier sur la première partie, et les notes de M. Lagrange sur la seconde. *Paris*, 1807, 2 vol. in-8. v. rac. fil.

277. Introduction au Calcul différentiel, par L. Euler, trad. du latin en allemand, par Michelsen. *Berlin*, 1790, 3 vol. in-8. br.

278. Supplément au Calcul différentiel d'Euler, par Grusor; (*en allemand*). *Berlin*, 1798, in-8. br. — Introduction à l'Algèbre d'Euler, 3ᵉ volume trad. du fr. en allem. par Kauszeler. *Francfort-sur-le-Mein*, 1796, in-8. br.

278 *bis*. Eloges de Léonard Euler, par Nic. Fuss, avec une liste complète des ouvrages d'Euler. *St.-Pétersbourg*, 1783, in-4. d. rel.

279. De D'Alembert : Traité de Dynamique. *Paris*, 1758, in-4. v. m. — Traité de l'Equilibre et du Mouvement des Fluides. *Paris*, 1770, in-4. v. m. — Réflexions sur la cause générale des Vents. *Paris*, 1747, in-4. bas. — Recherches sur la Précession des Equinoxes et sur la Nutation de l'axe de la Terre, dans le système newtonien. *Paris*, 1749, in-4. v. m. — Essai d'une nouvelle Théorie de la résistance des Fluides. *Paris*, 1752, in-4. v. m. — Recherches sur différens points importans du Système du Monde. *Paris*, 1754, 3 vol. in-4. v. m. — Nouvelles Expériences sur la Résistance des Fluides, par d'Alembert, Condorcet et Bossut. *Paris*, 1777, in-8. bas.

280. Opuscules mathématiques, par d'Alembert. *Paris*, 1761 — 1780, 8 vol. in-4. bas.

281. Réfutation de quelques erreurs de d'Alembert sur les Principes du Calcul des Probabilités, et Solution d'un Problème connu sous le nom de *Problème de Petersbourg*, sur le Jeu de Croix et Pile que personne n'avait résolu jusqu'à présent, et que M. d'Alembert a jugé insoluble, 1801, in-4. pap. de Hollande, bas.

281 *bis*. De Clairaut : Elémens d'Algèbre. *Paris*, 1760, in-8.

d. rel. —Elémens de Géométrie , *Paris*, 1775 , in - 8.
d. rel. — Théorie de la Lune , déduite du Principe de
l'attraction. *Paris*, 1765, in-4. d. rel. — Théorie de la
Figure de la Terre. *Paris* , 1808 , in-8. v. rac.

282. Elémens d'Algèbre , par Clairaut, avec des Notes de
MM. Lagrange et Laplace. *Paris* , 1797 , 2 vol. in-8. br.

282 *bis*. De Condorcet : du Calcul intégral; du Problème des
trois Corps; Essais d'Analyse sur le Système du Monde et
sur le Calcul intégral. *Paris*, 1765 et années suiv., 4 part.
en 1 vol. in-4. d. rel.

283. De Cousin : Introduction à l'Etude de l'Astronomie
physique. *Paris*, 1787, in-4. v. éc. — Traité élémentaire
de l'Analyse mathématique. *Paris* , 1797, in-8. br. —
Traité du Calcul différentiel et du Calcul intégral. *Paris*,
1796, 2 vol. in-4. d. rel.

284. De M. Lagrange : Théorie de la Libration de la Lune
et des autres phénomènes qui dépendent de la figure non
sphérique de cette planète. *Berlin*, 1782, in-4. d. rel.—
Mécanique analytique. *Paris* , 1788, in-4. v. éc. — La
même. *Paris*, 1811, in-4. pap. vél. v. rac. dent. d. s. tr. (t. 1er.)
— Résolution des Equations numériques de tous les degrés. *Paris*, 1798, in-4. v. m. fil. — Le même ouvrage ,
nouvelle édit. augmentée. *Paris*, 1808, in-4. pap. fin. v.
porph. d. s. tr.—Théorie des Fonctions analytiques. *Paris*,
1797, in-4. v. m. ; — et *Paris* , 1813, in-4. pap. vél. v. f.
dent. d. s. tr. — Sur le Calcul des Fonctions (t. 10 des
Séances des Ecoles Normales.) *Paris*, 1801, in-8. pap. vél.
v. dent. — Leçons sur le Calcul des Fonctions analytiques.
Paris, 1806, in-8. v. éc. fil. tr. d. — Mémoire sur la
Théorie des variations des Elémens des Planètes, et en
particulier des variations des grands axes de leurs orbites.
Paris , 1808 , in-4. bas. rac. — Second Mémoire sur la
Théorie de la variation des Constantes arbitraires dans les
Problèmes de Mécanique. *Paris* , 1810, in-4. br. — Sur
l'Origine des Comètes. *Paris*, 1812, in-8. br.

285. Mécanique analytique de M. Lagrange , trad. en allemand , par Fr. Murhard. *Gottingue*, 1797, in-4. d. rel.
— Théorie des Fonctions analytiques, du même, trad. en
allem. , par J. Phil. Gruson. *Berlin*, 1798, in-8. bas. —
Elémens du Calcul différentiel , d'après la Théorie des
Fonctions analytiques de M. Lagrange , par Rohde ; (*en
allemand*) *Postdam*, 1799 , in-8. br.

286. De M. de Laplace : Recherches , 1° sur l'Intégration
des Equations différentielles aux différences finies et sur

leur usage dans la Théorie des Hasards ; 2° et sur le Principe de la gravitation universelle et sur les Inégalités séculaires des Planètes, 1773. — Mémoires 1° sur les solutions particulières des Equations différentielles, etc. avec les additions, 1772; 2° sur le Calcul intégral et sur le Système du Monde, 1773 ; 3° Sur l'inclinaison moyenne des orbites des Comètes ; 4° sur la figure de la Terre, et sur les fonctions, 1773 ; ces quatre pièces en 1 vol. in-4. — Autres sur le Calcul intégral aux différences partielles, 1773. — Sur l'usage du Calcul aux différences partielles, dans la Théorie des suites. — Sur l'intégration des Equations différentielles par approximation, 1777 ; ces trois pièces en 1 v. — Autres sur plusieurs points du Système du Monde, et suite; 1775 et 1776, 3 part. en 1 v. — Autres sur les Probabilités, 1778; sur les Approximations des formules qui sont fonctions de très-grands nombres, 1782, 2 pièces en 1 v. — Mémoires sur les Suites, 1779, 1 v. ; Ces 5 v. in-4. rel. en cart. — Théorie des Attractions sphéroïdes et de la figure des planètes. *Paris*, 1785 = Mémoire sur la figure de la terre ; 2 pièces en 1 vol. in-4. — Sur les Inégalités séculaires des planètes et des satellites, 1784.= Théorie de Jupiter et de Saturne et suite, 2 parties, 1787 et 1788. = Théorie des Satellites de Jupiter. = Sur quelques points du Système du Monde, 1re sect. = Sur la Théorie des satellites de Jupiter, 1788 et 1789; Ces 5 parties en 1 vol. in-4. rel. en cart. ; toutes les pièces ci-dessus sont extraites des Mémoires de l'Académie des Sciences de Paris.

287. — Théorie abrégée des Nombres premiers. *Paris*, 1776, in-8. br. — Mémoire sur les Approximations des formules qui sont fonctions de très-grands nombres, et sur leur application aux probabilités, avec son supplément. *Paris*, 1810; 2 part. in-4. br. — Mémoire sur les Fonctions génératrices, les intégrales définies et leur application aux probabilités. *Paris*, 1811, in-4. br. — Sur l'Action capillaire. = Extrait d'un Mémoire sur la Théorie des Tubes capillaires. *Janvier*, 1806. — Théorie de l'Action capillaire. *Avril*, 1806.=Extrait d'un Mémoire sur l'Attraction et la Répulsion apparentes des petits corps qui nagent à la surface des fluides. *Septembre*, 1806. = De l'Adhésion des corps à la surface des fluides. *Novembre*, 1806. — Supplément à la Théorie de l'action capillaire. *Paris*, 1807; six pièces in-4. br.

288. — Théorie du mouvement et de la figure elliptique des planètes, *Paris*, in-4. d. rel.

(23)

289. —Exposit. du Système du Monde. *Paris*, 1808, in-4. bas.
290. — Exposition du Système du Monde et Traité de Mé-
    canique Céleste. *Paris*, 1799, 5 vol. in-4. v. m.
291. — Théorie analytique des Probabilités. *Paris*, 1812,
    2 vol. in-4. cartonnés à la Bradel.
292. Mécanique Céleste de M. de Laplace, traduite (*en
    allem.*)par Burckhardt. *Berlin*, 1800, 2 vol. in-4. d. rel.
293. De M. Legendre : Recherches sur l'attraction des Sphé-
    roïdes homogènes, 1785. — Sur les intégrations par arcs
    d'Ellipse, 1786. — Sur la manière de distinguer les
    maxima des minima dans le calcul des Variations, 1786.
    — Sur l'intégration de quelques équations aux différences
    partielles, 1787. — Sur les Opérations trigonométriques
    dont les résultats dépendent de la figure de la Terre; (ces
    cinq pièces extraites des Mémoires de l'Académie des
    Sciences.) — Recherches sur diverses sortes d'intégrales
    définies. *Novembre*, 1809. (Cette dernière, extraite des
    Mémoires de l'Institut.)
294. — Essai sur la Théorie des Nombres. *Paris*, 1798,
    in-4. d. rel.
295. — Le même. *Paris*, 1808, in-4. d. rel.
296. — Nouvelles Méthodes pour la détermination des or-
    bites des comètes. *Paris*, 1805, in-4. d. rel.
297. — Exercices de Calcul intégral sur divers ordres de
    transcendantes, et sur les quadratures, avec le Supplé-
    ment. *Paris*, 1811, 2 part. in-4. br.
298. — Elémens de Géométrie. *Paris*, 1800, in-8. d. rel.
299. — Les mêmes. *Paris*, 1806, in-8. bas.
300. De M. Lacroix : Essais sur l'Enseignement en géné-
    ral, et sur celui des Mathématiques en particulier. *Paris*,
    1805, in-8. br. — Algèbre et Complément, 1803 et
    1804, 2 vol. in-8. br. — Géométrie, 1807, in-8. br. —
    Essais de Géométrie sur les plans et les surfaces courbes.
    1795, in-8. br. —Complément des Elémens de Géomé-
    trie. 1802, in-8. br. — Traité de Trigonométrie recti-
    ligne et sphérique et d'application de l'Algèbre à la Géo-
    métrie. 1807, in-8. br. — Calcul différentiel et Calcul
    intégral. 1806, in-8. br. — Introduction à la Géographie
    mathématique et critique, et à la Géographie physique.
    1811, in-8. br.
301. Traité du Calcul différentiel et intégral, et Traité
    des différences et des séries, par le même. *Paris*, 1797,
    3 vol in-4. demi-rel.
302. Traité du Calcul différentiel et du Calcul intégral, par

le même. *Paris*, 1810, in-4. cart. à la Bradel (t. 1ᵉʳ.)

3o3. Traduction en allemand, par Gruson, du Calcul différentiel et du Calcul intégral de M. Lacroix. *Berlin*, 1799, 2 vol. in-8. br.

3o4. De M. Garnier : Arithmétique. *Paris*, 1808, in-8. br. — Algèbre (1ʳᵉ section). *Paris*, 1811, in-8. pap. vél. br. — Géométrie. *Paris*, 1812. in-8. pap. vél. cart. à la Brad. — Réciproques de la Géométrie, suivies d'un Recueil de théorèmes et de problèmes. 1810, in-8. br. — Leçons de Statique. 1811, in-8. br.

3o5. De M. Francœur : Cours complet de Mathématiques pures. *Paris*, 1809, 2 vol. in-8. br. — Traité de Mécanique. *Paris*, 1807, in-8. br. — Uranographie, ou Traité d'Astronomie. *Paris*, 1812, in-8. pap. vél. , br. en cart.

3o6. De M. Biot : Traité analytique des courbes et des surfaces du second degré. *Paris*, 1802, in-8. fig. br. — Recherches sur les réfractions extraordinaires qui ont lieu près de l'horizon. *Paris*, 1810, in-4. d. rel. — Traité élémentaire d'Astronomie physique, avec des additions relatives à l'Astronomie nautique, par de Rossel. *Paris*, 1810, 5 vol. in-8. d. rel.

3o7. Corso di Matematica sublime da Vinc. Brunacci. *Firenze*, 1804 — 1808, 4 vol. in-4. br.

3o8. Del medesimo : Calcolo integrale delle equazioni lineari. *Firenze*, 1798, in-4. br. — Analisi derivata, ossia l'Analisi matematica dedutta da un sol principio di considerare le Quantità. *Pavia*, 1802, in-4. d. rel. — Mémoria premiata d'all' Academia di Padova sopra il quesito proposto : in che differisca veramente la Metafisica del calcolo sublime del Lagrange, dalla metafisica dei Metodi anteriori. *Padova*, 1810, in-4. br.

3o9. Principes mathématiques de Jos.-Anast. du Cunha, traduits du portug. par J. M. d'Abreu. *Bordeaux*, 1811, in-8. br.

3io. Mémoires de Mathématiques, par Lambert, (*en allemand*). *Berlin*, 1765, 3 tom. en 4 vol. in-8. d. rel.

3ii. Système de Mathématiques pures et appliquées à l'usage des militaires, etc., par Gruson, (*en allemand*). *Berlin*, 1799 et 1800, 2 vol. in-8. br.

3i2. J. Landen's Mathematical lucubrations. *London*, 1755, in-4. d. rel. — A Discourse concerning the residual Analysis. *London*, 1758, in-4. d. rel. — The residual Analysis ; a new branch of the Algebraic art. *London*, 1764, in-4. d. rel. (first book). — Mathematical Me-

moirs respecting a variety of subjects with an Appendix
containing Tables of theorems , for the Calculation of
Fluents. *London* , 1780 , 2 tom. en 1 vol. in-4. v. rac.

§ II.

*Arithmétique , Algèbre et Géométrie ; Tables de logarithmes
et Art de conjecturer.*

313. Hier. Cardani Practica Arithmetice. *Mediolani* , 1539 ,
in-8. v. m. — Elementa Geometriæ planæ et solidæ,
Autore Andreâ Tacquet. *Patavii* , 1754 , in-8. parch.
314. L'Arithmétique de Bezout, démontrée par M. Peyrard.
Paris , 1810 , in-8. d. rel. — Cours d'Arithmétique , par
Aug. Fr. Estarac. *Pau* , an 11 , in-8. br. — Elémens
d'Arithmétique universelle, par C. Kramp. *Cologne*. 1808,
in-8. d. rel.
315. Caroli Frid. Gauss Disquisitiones arithmeticæ. *Lipsiæ* ,
1801 , in-8. d. rel.
316. Recherches arithmétiques de Gauss , trad. en franç.
par M. Poullet de Lisle. *Paris* , 1807 , in-4. v. m.
317. Leçons élémentaires de Mathématiques , par Tedenat.
Rodez , 1801 , 2 vol. in-8. br. — Leçons élémentaires
d'Arithmétique et d'Algèbre, par le même. *Rodez* , 1805 ,
in-8. pap. vél. br.
318. Principes d'Arithmétique et d'Algèbre , par Michelsen , (*en allem.*) *Berlin* , 1790 , in-8. br. (tome Ier.)
319. An Introduction to Arithmetic and Algebra , by
Th. Manning. *Cambridge* , 1796 , in-8. br. en cart.
320. Arithmetices et Geometriæ Elementa, ad Subalpinos.
Taurini , 1795 , in-8. mar. r.
321. Recherches sur l'irréductibilité arithmétique et géométrique des Nombres et de leurs puissances. 1808 , gr.
in-4. mar. r.
322. Tables de tous les diviseurs des Nombres depuis 1
jusqu'à 102000, par N. J. Lidonne. *Paris* , 1808 , in-8.
dem. rel.
323. Atlas mathématique de Tob. Meyern (*en allemand*).
Augsbourg , in-fol. oblong, bas.
324. Pinacothèque, ou Tables de multiplication et de division, par Gruson, (*en allemand*). *Berlin* , 1798 , in-8.
br. en carton.
325. Le même, en français. *Berlin* , 1798 , in-8 , pap. vél.
demi-rel.

326. Grand Livret, depuis 1 jusqu'à 100,000 ; premier
Cahier, de 1 à 10,000, calculé par J. Ph. Gruson. *Berlin*,
1799 , in-fol. cart. — Mémoire sur le Calcul d'exposition
inventé par J. Ph. Gruson. *Berlin*, 1802.

327. Traité d'Algèbre, par Rolle. *Paris*, 1690, in-4. v. br.

328. Algèbre d'Emile, par Em. Develey. *Lausanne*, 1805,
2 vol. in-8. br.

329. Cours d'Algèbre, par Bois-Bertrand. *Paris*, 1810 ,
2 vol. in-8. v. f. d. s. tr.

330. Elémens d'Algèbre , trad. de l'anglais de Saunderson ,
par de Joncourt. *Paris*, 1756, 2 vol. in-4. d. rel.

331. Bija Ganita, or the Algebra of the Hindus, by Edw.
Strachey. *London*, 1813 , in-4. br. en cart.

332. Elémens d'Algèbre, à l'usage de ceux qui veulent l'apprendre sans maître , par Burja (*en allemand*). *Berlin*,
1786, 2 vol. in-8. br. — Les mêmes. *Berlin*, 1801 , 2 v.
in-8. br.

333. Elementi d'Algebra di Pietro Paoli. *Pisa*, 1794, 2 vol.
in-4. br.

334. Meditationes algebraicæ, ab Eduardo Waring. *Cantabrigiæ*, 1782, in-4. d. rel. — Ejusdem Meditationes analyticæ. *Ibid.*, 1785, in-4. d. rel.

335. Artis Analyticæ Praxis, posthumus Tractatus Thomæ
Harrioti. *Londini*, 1631 , in-fol. v. j.

336. Mémoires analytiques, par le comte R. de C. *Milan*,
1776, gr. in-4. br.

337. Théorie purement algébrique des quantités imagi-
naires et des fonctions qui en résultent, par A. Suremain-
Missery. *Paris*, 1801 , in-8. br.

338. Théorie générale des Equations algébriques, par Bezout. *Paris*, 1779, in-4. v. m.

339. Analysis Æquationum, autore Guil. Hales. *Dublini*,
1784, in-4. d. rel.

340. Vingt-quatre volumes et pièces in-4. et in-8. , dont :
Mémoire sur l'intégralité médiate des Equations différentielles, etc., par de Nieuport, 1802 ; Mémoire sur la Projection de Cassini, par Puissant, 1812 ; Remarques sur
la partie élémentaire de l'Algèbre, par Boucharlat, et
Essai sur les Nombres approximatifs.

341. Dix-sept volumes et pièces in-4. et in-8., dont : Saggio
sulle equazioni di condizione e sopra l'invenzione della
Brachistocrona, 1791 ; Memoria intorno le questioni pro-
mosse dal ditto Saggio , 1791 ; Osservazioni del Canter-
zani sul valor Cardanico. *Bologna*, 1787 ; Memoria del

Pietro Franchini. *Roma,* anno VI, R. ; Sulla inutilita della questione intorno alla misura delle forze vive per la ri‑soluzione del problemi dinamici..... ; Memoria dell' Angelo Zendrini. *Venezia,* 1804 ; Considerazioni sopra la metafisica del calcolo differenziale di Gaet. Barbierd. *Modena,* 1804, Calcolo delle quantita hypergeometriche del Multedo.

342. Formulæ de serierum reversione Demonstratio universalis signis localibus combinatorio‑analyticorum Vicariis exhibita, ab Henr. Aug. Rothe. *Lipsiæ,* 1793. — Demonstratio nova theorematis, omnem functionem algebricam rationalem integram unius variabilis in factores reales primi vel secundi gradûs resolvi posse, à Car. Frid. Gauss exhibita. *Helmstadii,* 1799. — Ejusdem Gauss Summata quarumdam serierum singularium, 1808. — B. F. Thibaut Dissertatio sistens problematis combinatorii solutionem. *Goettingæ,* 1802. — Mauritius de Prasse de Ellipseos evolutâ et æquidistantibus earumque constructione. *Lipsiæ,* 1798, in-8. br.

343. Nouvelle Méthode pour la résolution des Equations numériques d'un degré quelconque, par Budan. *Paris,* 1807, in-4. br. — Analyse, ou Traité de la résolution des Equations numériques de tous les degrés, avec des notes sur plusieurs points de la Théorie des Equations algébriques de M. Lagrange, par M. Poinsot. *Paris,* 1808, in-8. br.

344. Risoluzione generale delle numeriche Equazioni per approssimazione, da Gulglielmini. *Bologna,* 1811, in-8. d. rel. non rogné.

345. Recherches sur le vrai sens de la haute Analyse, par Fischer (*en allemand*). *Berlin,* 1808, in-8. br.

346. Rogeri Cotesii Harmonia mensurarum, aliaque Opuscula mathematica, edente Rob. Smith. *Cantabrigiæ,* 1722, in-4. v. j.

347. Br. Taylor, Methodus Incrementorum directa et inversa. *Londini,* 1715, p. in-4. v. rac. fil.

348. The Method of Increments. *London,* 1763, in-4. d. rel.

349. Sur l'Origine de la Théorie des Signes de dimension, par Hindenburg (*en allemand*). *Halle,* 1794, in-4. br.

350. Théorie des Signes de dimension, par Fischer (*en allemand*). *Halle,* 1792, 2 vol. in-4. br.

351. L'Analytique Combinaison et la Théorie des Signes de dimension mises en parallèle par Fopfer (*en allem.*). *Leipsig,* 1793, in-8. br.

352. Du Calcul des Dérivations, par M. Arbogast. *Strasbourg*, 1800, in-4. v. m. fil.
353. L'Influence de Fermat sur son siècle, relativement aux progrès de la haute Géométrie et du Calcul, etc., par l'abbé Genty. *Orléans*, 1784, in-8. d. rel.
354. Elémens de Géométrie pour ceux qui veulent l'apprendre sans maître, par Burja (*en allemand*). *Berlin*, 1787, 2 vol. in-8. br.
355. Les mêmes. *Berlin*, 1801, 2 vol. in-8. br.
356. Instructions de haute Géométrie, par Burja (*en allemand*). *Berlin*, 1788, 2 vol. in-8. br.
356 *bis*. Manuel pour ceux qui veulent appliquer la Géométrie, par Schulze (*en allemand*). *Berlin*, 1782, 2 vol. in-12, d. rel.
357. De M. Monge : Géométrie descriptive, Leçons données aux Ecoles Normales. *Paris*, an 7, in-4. br. — Feuilles d'Analyse appliquée à la Géométrie. *Paris*, 1801, in-4. demi-rel.
358. La même Géométrie descriptive, avec un Supplément, par M. Hachette. *Paris*, 1811, in-4. d. rel. dos de mar.
359. Application de l'Analyse à la Géométrie, par M. Monge. *Paris*, 1809, in-4. d. rel. dos de mar.
360. Géométrie de Position, par M. Carnot. *Paris*, 1803, in-4. d. rel.
361. De la Corrélation des Figures de Géométrie, par le même. *Paris*, 1801, in-8. br. — Recueil de Problèmes résolus par des considérations purement géométriques. *Paris*, 1809, in-8. pap. vél. br. — Recueil de diverses propositions de Géométrie, résolues ou démontrées par l'Analyse algébrique, précédé d'un Précis du Levé des Plans, par L. Puissant. *Paris*, 1809, in-8. br.
362. Géométrie du Compas, trad. de l'italien de Mascheroni, par Carette. *Paris*, 1798, in-8. d. rel. — Problèmes pour les Arpenteurs, avec différentes Solutions, par L. Mascheroni, traduits de l'italien. *Paris*, 1803, grand in-8. br.
362 *bis*. Mémoire sur la Projection des Cartes géographiques adoptée au Dépôt général de la guerre, par M. Henry. *Paris*, *Imprimerie Impériale*, 1810, in-4. pap. vél. cart. à la Bradel.
363. Traité de Géodésie, par M. Puissant. *Paris*, 1805, in-4. br.
363 *bis*. Traité de Topographie, d'Arpentage et de Nivellement, par le même. *Paris*, 1807, in-4. br.

364. Essai sur le Nivellement. *Paris*, 1805, in-8. pap. vél.
fig. br. en cart.

365. Nova Stereometria doliorum vinariorum, in primis
Austriaci, et usus in eo virgæ cubicæ, autore Kepplero.
Lincii, 1615, pet. in-fol. v. f. fil.

366. Analyse démontrée, par le P. Reyneau. *Paris*, 1736,
2 vol. in-4. v. m.

367. Elémens d'Analyse pratique, trad. de l'anglais de
Simpson. *Paris*, 1790, in-8. d. rel. — Essais de Géométrie
analytique, par Lefrançais. *Paris*, 1804, in-8. br. —
— Essais sur la Ligne droite et les Courbes du second
degré, par le même. *Paris*, 1801, in-8. br.

368. Elémens d'Analyse géométrique et d'Analyse algébrique, appliquées à la Recherche des lieux géométriques,
par Lhuilier. *Paris*, 1809, in-4. br.

369. Opera Geometrica Evangelistæ Torricellii. *Florentiæ*,
1644, in-4. d. rel.

370. Histoire des Recherches sur la Quadrature du cercle,
(par Montucla.) *Paris*, 1754, in-12, v. m.

371. Gregorii à S^to Vincentio Opus geometricum Quadra-
turæ Circuli et sectionum Coni. *Antuerpiæ*, 1647, in-fol.
demi-rel.

372. Traité de l'Angle, par L. P. V. M. Azemar, suivi
de Recherches sur le même sujet, par M. Garnier. *Paris*,
1809, in-8. br.

373. A. De Moivre Miscellanea analytica de seriebus et
quadraturis. *Londini*, 1730, in-4. v. j.

374. Introduction à l'Analyse des lignes courbes algébriques, par G. Cramer. *Genève*, 1750, in-4. bas.

375. Œuvres de M. B. Goudin, contenant un Traité sur
les propriétés communes à toutes les Courbes, un Mémoire sur les Eclipses de Soleil, et un sur les usages de
l'Ellipse dans la Trigonométrie sphérique. *Paris*, 1805,
in-4. br.

376. Théorie des Courbes du second degré, précédée des
Principes fondamentaux de la Géométrie analytique,
par Boucharlat. *Paris*, 1807, in-8. pap. vél., v. rac.
dent. tr. dor.

377. La même. *Paris*, 1810, in-8. pap. vél., rel. en pap.
mar. tr.d.

378. Traité analytique des Sections coniques, par de l'Hos-
pital. *Paris*, 1707, in-4. v. m. — Analyse des infiniment-
petits, par le même. 1716. in-4. v. m.

379. Traité analytique des Sections coniques, etc., par

Muller, traduit de l'anglais par lui-même. *Paris*, 1760,
in-4. d. rel.

380. Traité des Fluxions, trad. de l'ang. de Maclaurin,
par Pezenas. *Paris*, 1749, 2 vol. in-4. d. rel.

381. Lettre au rédacteur du *Monthly Review*, ou Réponse
aux objections faites dans ce journal à la Méthode des Li-
mites des Fluxions hypothétiques, par Stockler. *Lisbonne*,
1800, p. in-4. br. (10 exempl.)

382. Traité du Calcul intégral, par de Bougainville. *Paris*,
1754, 2 vol. in-4. v. m.

383. Élémens de Calcul intégral, par Leseur et Jacquier.
Parme, 1768, 2 vol. in-4. d. rel.

384. Leçons analytiques du calcul des Fluxions et des Flu-
entes ou Calcul différentiel et intégral, par Girault de
Koudou. *Paris*, 1777, in-8. br.

385. Traité élémentaire de Calcul différentiel et de Calcul
intégral, par J. B. E. Dubourguet. *Paris*, 1810, 2 vol.
in-8. pap. vél. br.

386. Mémoire sur diverses Intégrales définies, par Geo.
Bidone. *Turin*, 1812, in-4. br.

387. Memorie sul Calcolo integrale e sopra alcuni problemi
meccanici, di Piet. Paoli. *Verona*, 1793, in-4. br.

388. Sim. L'Huilier Principia Calculi differentialis et in-
tegralis. *Tubingæ*, 1795, in-4. d. rel.

389. J. Fred. Pfaff Disquisitiones analyticæ maximè ad
calculum integralem et doctrinam serierum pertinentes.
Helmstadii, in-4. d. rel. (vol. prim.)

3go. Essai de Trigonométrie sphérique, par Trembley.
Neuchatel, 1783, in-8. d. rel.—Supplément à la Trigonométrie sphérique et à la Navigation de Bezout, par
Callet. *Paris*, 1798, in-4. d. rel. — Manuel de trigonométrie pratique, augmenté de Tables de logarithmes,
par M. Reynaud. *Paris*, 1806, in-8. br.

391. Trigonométrie rectiligne et sphérique, trad. de l'ital.
de Cagnoli, par M. Chompré. *Paris*, 1808, in-4. v. rac.

392. Elementi di Trigonometria sferoidica, di Barn. Oriani.
Bologna, 1806., gr. in-4. br.

393. Logarithmorum canonis Descriptio ejusque usus, auct.
Jo. Nepero. *Edinburgi*, 1614, in-4. d. rel.

394. Logarithmical arithmetike with the approbation of
John Neper, by Henri Briggs. *London*, 1631, in-fol. v. j.

395. Trigonometria artificialis, sive magnus Canon triangu-
lorum logarithmicus, ab Adr. Ulacco constructus. *Goudæ*,
1633, in-fol. d. rel.

396. The Anti-Logarithmic Canon, being a Table of num—
bers consisting of eleven places of figures, corresponding to
all Logarithms under 100000, by James Dodson. *London*,
1742, in-fol. d. rel.

397. The Calculator, being correct and necessary Tables
for computation adapted to Science, Business and Plea-
sure, by Jam. Dodson. *London*, 1747, grand in-8.
v. br.

398. Sherwin's mathematical Tables, revised et corrected
by Gardiner. *London*, 1761, in-8. v. br.

399. Tabulæ logarithmicæ et trigonometricæ, cum Sup-
plementis, germ. et lat., autore Lambert. *Berolini*,
1770, in-8. v. m.

400. A Sexcentenary Tables exhibiting at sight the result
of any proportion where the Terms do not exceed 600
seconds or 10 minutes, by J. Bernoulli. *London*, 1779,
in-4. en feuilles.

401. A Sexagesimal Table, by Mich. Taylor. *London*,
1780, in-4. br.

402. Tables portatives de Logarithmes, par Callet. *Paris*,
1783, in-8. 1 tom. rel. en 2 vol. bas.

403. Tables portatives de Logarithmes, par Callet. *Paris*,
1795, 2 vol. in-8. bas.

404. Scriptores logarithmici, or a Collection of several cu-
rious tracts on the nature and construction of Logarithms.
London, 1791, in-4. v. j. fil. (tome I et II).

405. Tables of Logarithms of all numbers, from 1 to 101000;
by Mich. Taylor. *London*, 1792, gr. in-4. v. j.

406. Georgii Vega Tabulæ Logarithmico-Trigonometricæ,
lat. et germanicè. *Lipsiæ*, 1797, 2 vol. in-4. d. rel.

407. Nouvelles Tables trigonométriques calculées pour la
division décimale du quart de cercle, par J. Ph. Hobert
et L. Ideler. *Berlin*, 1799, in-8. d. rel.

408. Tables trigonométriques décimales, ou Table des Logarithmes, calculées par Borda, augmentées et publiées
par M. Delambre. *Paris*, 1801, in-4. br. en cart.

409. Tables de Logarithmes, par de Lalande. *Paris*,
1802, in-18. v. m. dent.

410. Cribrum arithmeticum, sive Tabula continens nume-
ros primos ab unitate progredientes usque ad decies cen-
tena millia et ultra hæc, autore Ladisl. Chernac. *Daven-
triæ*, 1811, in-4. d. rel.

411. Essai d'Analyse sur les Jeux de hasard, par Montmort,
Paris, 1708, in-4. v. br.

412. Considérations sur la Théorie mathématique du Jeu, par Ampere. *Lyon*, 1802, in-4. br.

413. The doctrine of annuities and reversions with useful Tables, to which is added appendix, by Th. Simpson. *London*, 1742 et 1743, 2 part. 1 vol. in-8. d. rel.

414. The Doctrine of chances, by A. de Moivre. *London*, 1756, gr. in-4. v. m. all.

415. La Doctrina degli Azzardi applicata ai problemi della probabilita della vita etc., trasportata del Inglese da P. Rob. Goeta. *In Milano*, 1776, in-8. bas.

416. Recherches sur les rentes, les emprunts et les rembour-semens, par Duvillard. *Paris*, 1787, in-4. fig. br.

417. Gli elementi della doctrina degl'interessi delle anticipa-zioni e delle pensioni annuali richiamati ai principi rigorosi dell' analisi, da Aug. Lotteri. *In Pavia*, 1798, in-4. br.

418. L'Art de conjecturer à la Loterie, par Parisot. *Paris*, 1801, in-8. d. rel. — Du Calcul des Probabilités, in-8. d. r.

419. Traité du Calcul conjectural, par Parisot. *Paris*, 1810, in-4. br.

§ III.

Mécanique et Branches qui en dépendent.

420. Guidi Ubaldi Mecanicorum liber. *Venetiis*, 1615, pet. in-fol. d. rel.

421. P. Casati mechanicorum libri VIII. *Lugduni*, 1684, in-4. vélin.

422. Traité de Mécanique, par Delahire. *Paris*, 1695, in-12 v. br. — Traité de Mécanique, de l'équilibre des solides et des liqueurs, par le P. Lamy. *Amsterd.*, 1735. = Traité de Perspective, par le même. *Amsterd*, 1734, 2 part. 1 vol. in-12, fig. v. m.

423. Mécanique ou Statique, par Varignon. *Paris*, 1725, 2 vol. in-4. v. br. — Projet d'une nouvelle mécanique, par le même. *Paris*, 1687, in-4. v. br.

424. Traité de Mécanique, par l'abbé Marie. *Paris*, 1774, in-4. fig. bas.

425. Mécanique à l'usage de la marine, par Bezout. *Paris*, 1767, 2 vol. in-8. bas. — Mécanique, par Bossut. *Paris*, 1802, in-8. d. rel. — Mémoires de Mathématiques, concernant la Navigation, l'Astronomie physique, etc., par le même. *Paris*, 1812, in-8. br.

426. Mécanique philosophique, par M. Prony. *Paris*, an 8, in-4 d. rel.

427. Leçons de Mécanique analytique, par le même. *Paris*, 1810, in–4. cart. à la Bradel (1re partie).

428. Traité de Mécanique , par M. Poisson. *Paris*, 1811 , 2 vol. in–8. pap. vél. br. en cart.

429. Traité élémentaire des machines , par M. Hachette. *Paris*, 1811 , in–4. br. en cart.

430. Description des machines, et procédés spécifiés dans les brevets d'invention, etc., par Molard. *Paris* , 1811 , in–4. fig. br. (tome 1er).

431. Douze vol. et pièces in–4. et in–8. , dont : Thèse de Mécanique, par M. Bourdon ; Essai sur les machines en général , par M. Carnot ; et Mémoire pour servir de parallèle entre le chapelet ordinaire et la chaîne aspirante, par Jos. Castellane. *Paris*, 1812.

432. Quinze vol. et pièces in–4. et in–8., dont : Recherches sur la poussée des terres ; Instructions sur les dimensions des murs de revêtement ; et Mémoire sur le jaugeage des eaux courantes, par M. de Prony ; divers Mémoires de MM. Biot et Poisson , et la Statique de ce dernier.

433. Elémens des Sciences mécaniques , par Burja (*en allemand*). *Berlin*, 1789 , 4 vol. in–8. br.

434. Traité élémentaire de Statique, par M. Monge, revu par M. Hachette. *Paris* , 1810 , in–8. d. rel. — Elémens de Statique, par M. Poinsot. *Paris*, 1811 , in–8. br. en cart. — Traité de Statique, par M. Labey. *Paris*, 1812, in–8. br.

435. Mémoire sur la Statique , contenant la démonstration du principe des vitesses virtuelles et la théorie des momens, par Fourier. *Paris* , 1798 , in–4. br. — Statique géométrique démontrée à la manière d'Archimède , par Peyrard. *Paris*, 1811 , in–8. br. fig. — Principes fondamentaux de l'Equilibre et du Mouvement, par M. Carnot. *Paris*, 1803 , in–8. d. rel. — Machine pour mesurer la vitesse initiale des mobiles de différens calibres, projetés sous tous les angles , depuis zéro jusqu'à la 8e partie du cercle , par M. Grobert. *Paris*, 1804, in–4. fig. br.

436. Memoria sul principio delle velocità virtuali , di Witt. Fossombroni. *Firenze* , 1796 , in–4. br.

437. Mémoire sur la cause des ricochets que font les pierres et les boulets de canon , lancés obliquement sur la surface de l'eau , par G. Bidone. *Turin*, 1811 , in–4. fig. br.

438. Recherches expérimentales sur l'eau et le vent , considérées comme forces motrices, applicables aux moulins et autres machines à mouvement circulaire , etc. , trad.

3

de l'anglais de Smeaton, par Girard. *Paris*, 1810, in-4. fig. br.

439. Manuel de Mécanique et d'Hydraulique, par Eutelwein (*en allemand*). *Berlin*, 1801, in-8. br.

440. Phoronomia, sive de viribus et motibus corporum solidorum et fluidorum libri duo, autore Jac. Hermanno. *Amstelod.*, 1716, in-4. v. br.—P. Frisius de gravitate universali corporum. *Mediolani*, 1768, in-4. v. br.

441. Traité analytique de la résistance des solides et des solides d'égale résistance, par Girard. *Paris*, 1798, in-4. fig. br.

442. Vues nouvelles sur le mouvement, par l'abbé Rossignol. *Turin*, 1795, in-8. br. — Mémoire sur le mouvement de rotation d'un corps solide libre autour de son centre de masse, par Français. *Paris*, 1813, in-4. br.

443. Istituzioni di Meccanica, d'Idrostatica, etc., da P. Frisi. *Milano*, 1777, in-4. d. rel.

444 Théorie des Machines, ou Mécanique, Hydrostatique et Hydraulique, par Nordwall, trad. du suéd. (*en allem.*), par Blumhof. *Berlin*, 1804, 2 vol. in-4. br. en cart.

445. D. Bernoulli Hydrodynamica. *Argent.*, 1738, in-4. bas.

446. Traité d'Hydrodynamique, par Bossut. *Paris*, 1786 2 vol. in-8. d. rel.

447. Principes d'Hydraulique, par Dubuat. *Paris*, 1786, 2 vol. in-8. fig. bas.

448. Recherches expérimentales sur le principe de la communication latérale du mouvement dans les fluides, appliqué à l'explication de différens phénomènes hydrauliques, par Venturi. *Paris*, 1797, in-8. d. rel.

449. Elémens de la connaissance des fleuves, et des moyens de les améliorer, trad. du hollandais en allemand, par Berkmann. *Gottingue*, 1775, in-8. br.

450. Recherches sur les moyens de perfectionner les canaux de navigation, trad. de l'anglais de R. Fulton. *Paris*, 1799, in-8. fig. d. rel. — Vues nouvelles sur les courans d'eau, la navigation intérieure et la marine, par Ducrest. *Paris*, 1803, in-8. br.

451. Mémoire sur un nouveau système de navigation intérieure, par de Bétancourt. *Paris*, 1807, gr. in-4. pap. vél., fig. v. rac. d. s. tr.

452. Dix-sept vol. et pièces in-4. et in-8. sur la navigation intérieure et la science hydraulique, dont : Essai sur le mouvement des eaux courantes, et la figure qu'il convient de donner aux canaux qui les contiennent, par Girard,

(35)

1803, et Rapport sur les divers projets présentés pour
remplacer la machine de Marly, fig.

453. Saggio sulla Leva idraulica novamente applicata alle
manifatture ed alle arti, del Gio. Aldini. *Milano, 1811 ,*
in-4. fig. pap. vél. br.

454. Teorie, formole e metodi raccolti per la misura dell'
acqua che si stragge per via di fori e bocchelli o fluisce
entro a' canali come regolari. *Torino, 1795,* in-4. br.
— Descrizione di un nuovo regolatore per l'esatta distri-
buzione delle acque correnti, dal G. P. Mattey. *Torino,*
1787, in-8. br.

455. Recherches physico-mathématiques sur la théorie des
eaux courantes, par M. de Prony. *Paris, Impr. Impér.,*
1804, in-4. br.

456. Nouvelle architecture hydraulique, par le même. *Paris,*
1790, 2 vol. gr. in-4. fig. br. en cart.

457. Examen maritimo theorico-practico, por D. S. Juan.
Madrid, 1771, 2 vol. pet. in-4. bas.

458. Abrégé de navigation historique, théorique et pratique, par Lalande. *Paris,* 1793, in-4. d. rel.

459. Elémens de Navigation, par Duval-le-Roy. *Brest,*
1802, in-8. br.

460. Traité de Navigation, par Dubourguet, *Paris,* 1808,
in-4 broché.

461. Elémens de la Manœuvre des vaisseaux, par Suzanne.
Paris, 1806, in-8. fig. br.

§ IV.

Astronomie.

462. Jo. Frid. Weidleri Historia Astronomiæ. *Vittem-*
bergæ, 1741, in-4. d. rel. — Ejusd. Weidleri, Biblio-
graphia astronomica ; accedunt Historiæ Astronomiæ
Supplementa. *Wittenbergæ,* 1755, in-8. d. rel.

463. Histoire de l'Astronomie des Grecs avant Eratosthène,
par Schaubach (*en allemand*). *Gottingue,* 1802, in-8.
fig. d. rel.

464. Recherches historiques sur les Observations astronomiques des anciens, par Ideler (*en allemand*). *Berlin,*
1806, in-8. d. rel.

465. Histoire de l'Astronomie ancienne, par Bailly. *Paris,*
1775, in-4. bas. — Histoire de l'Astronomie moderne,
par le même. *Paris,* 1779, in-4. v. m. (tom. 1 et 11).

466. Histoire de l'Astronomie depuis 1781 jusqu'à 1811 , par M. Voiron. *Paris*, 1810, in-4. pap. vél. bas. rac.

467. Dav. Gregorii Astronomiæ physicæ et geometricæ Elementa. *Genevæ*, 1726, 2 vol. in-4. v. br.

468. Elémens d'Astronomie et Tables astronomiques, par Cassini. *Paris*, 1740, 2 vol. in-4. d. rel.

469. Institutions astronomiques, par Lemonnier. *Paris*, 1746, in-4. v. m.

470. Astronomie, par Lalande. *Paris*, 1792, 3 vol. in-4. demi-rel.

471. Bibliographie astronomique, avec l'Histoire de l'Astronomie depuis 1781 jusqu'à 1802, par le même. *Paris*, *Imp. de la Rép.*, 1803, in-4. br. en cart., et Tables du même ouvrage, par Cotte, in-4. br.

472. Histoire céleste française, publiée par le même. *Paris*, *Imp. de la Rép.*, 1801, in-4. br. en cart. (tome 1er). — Traité du Flux et du Reflux de la mer, par le même. *Paris*, 1781, in-4. v. rac.

473. Abrégé d'Astronomie, par M. Delambre. *Paris*, 1813, in-8. br.

474. Astronomie théorique, par Fréd. Théod. Schubert (*en allemand*). *Saint-Pétersbourg*, 1798, 3 vol. in-4. demi-rel.

475. Mémoires sur l'Astronomie pratique , trad. du portugais de M. Monteiro da Rocha, par M. de Mello. *Paris*, 1808, in-4. br.

476. Arati Solensis Apparentia, græcè, M. T. Cicero latinis versibus reddidit et A. M. Salvinius italicis, curante Bandinio. *Florentiæ*, 1765, in-8. v. rac.

477. Arati Solensis Phænomena et Diosemea, gr. et lat., curante Jo. Theo. Buhle. *Lipsiæ*, 1793, 2 vol. in-8. bas.

478. M. Manilii Astronomica cum notis J. Scaligeri, atque animadversionibus Renesii et Bullialdi. *Argent.*, 1655, in-4. v. br.

479. M. Manilii Astronomica, cum interpretatione gallicâ et notis A. G. Pingré. *Par.*, 1786, 2 vol. in-8. bas. rac.

480. Joa. Keppleri aliorumque Epistolæ mutuæ. 1718, in-fol. d. rel.—Monumentum Kepplero dicatum. *Ratisbonæ*, 1808, in-fol. fig. pap. vél. rel. er. pap. mar. v., tr. dor.

481. Tobiæ Mayeri Opera inedita (Astronomica), edidit Lichtenberg. *Gottingæ*, 1775, gr. in-4. d. rel. (vol. prim.) Ejusdem Tabulæ motuum Solis et Lunæ novæ et correctæ, et Methodus longitudinum promota. *Londini*, 1770, in-4. d. rel.

482. Mémoires astronomiques, par Kastner (*en allemand*). *Gottingue*, 1772, 2 vol. in-8. d. rel.
483. Opuscoli astronomici di Barn. Oriani. *Milano*, 1805, in-8. br.
484. Analyse des Réfractions astronomiques et terrestres, par Kramp. *Strasbourg*, 1799, in-4. d. rel. — Essai sur les Réfractions astronomiques dans la Zone torride, par A. de Humboldt. *Paris*, 1808, gr. in-4. br.
485. Astronomie nautique, par de Maupertuis. *Paris*, 1743, in-8. v. br. — L'Art du Calcul astronomique des Navigateurs, par Dubourguet. *Paris*, 1801, in-4. br. — Description et usage du Cercle de réflexion, par de Borda. *Paris*, 1787, in-4. d. rel. ·
486. Recherches sur les Solutions des principaux Problèmes de l'Astronomie nautique, par de Mendoza y Rios. *Londres*, 1797, in-4. pap. vél. br.
487. Recherches sur l'Origine et la Signification des Constellations de la Sphère grecque. *Paris*, 1807, in-8. br.
488. Theodosii Sphæricorum libri tres, gr. et lat., *Oxoniæ*, 1707, in-8. d. rel.
489. Notices cosmographiques pour l'année 1748 (*en allemand*). *Vienne*, 1750, in-4. d. rel.
490. Principes du Nivellement pour la figure composée de la terre, par M. Rohde. *Halle*, 1803, in-4. pap. vél. br.
491. Essais sur la Rotation de la terre, par Benzenberg (*en allemand*). *Dortmung*, 1804, in-8. fig. v. rac.
492. Baptistæ Guglielmini diurnus terræ Motus experimentis physico-mathematicis confirmatus. *Bononiæ*, 1792, in-8. br.
493. Exposé des Opérations faites en France en 1787, pour la jonction des Observatoires de Paris et de Greenwich, par MM. Cassini, Méchain et Legendre. *Paris*, 1792, gr. in-4. d. rel.
494. Exposition des Opérations faites en Laponie, pour la détermination d'un Arc du Méridien en 1801, 1802 et 1803, par Ofverbons, Svanberg, Holmquist et Palander, rédigée par Jons Svanberg. *Stockholm*, 1805, in-8. d. rel. — Méthodes analytiques pour la détermination d'un Arc du Méridien, par M. Delambre, précédées d'un Mémoire sur le même sujet, par M. Legendre. *Paris*, 1799, in-4. demi-rel.
495. Mémoire du baron de Zach sur le degré du Méridien mesuré en Piémont, par le P. Beccaria. *Turin, Imprim. Impér.*, 1811, in-4. pap. vél. br.

496. Dion. Petavii Uranologium. *Antuerp.*, 1705, in-f. v. m.

497. The Original Astronomical Observations made in the course of a voyage towards the south pole, and round the world, by W. Wales and Bayly. *London*, 1777, in-4. br. en cart.

498. Observationes astronomicæ annis 1781-1783 in Observatorio Hauniensi et cum Tabulis astronomicis comparatæ, autore Th. Bugge. *Hauniœ*, 1784, in-4 br.

499. Annales de l'Observatoire de l'Académie de Turin, de 1809 à 1811, par Vassali-Eandi. *Turin*, 1809 à 1811, 4 vol. in-4. br.

500. Dix-sept volumes et pièces in-4. et in-8. sur l'Astronomie, dont : Extrait des Observations astronomiques faites à l'Observatoire de Paris, de 1785 à 1791 ; Recherches sur la Densité des Planètes, par Villette ; et Méthode pour déterminer la latitude à la mer par des hauteurs prises hors du Méridien, et la longitude par une hauteur de la lune dans plusieurs cas particuliers, par P. Ducem, 1806.

501. Connaissance des Tems, calculée par de Lalande, M. Méchain et autres, années 1775 à 1815, 38 vol. in-8. rel. en parch. et br. (Manque 1776 et 1787.)

502. Ephémérides astronomiques, pour les années 1776 à 1789 (*en allemand*). *Berlin*, 1774-1786, 14 vol. in-8. br. en cart.

503. The Nautical Almanac and astronomical Ephemeris for the years 1778, 1779, 1780, and from 1787 to 1790 *London*, 1776-1783, 7 vol. in-8. br.

504. Recueil de Tables astronomiques, publiées sous la direction de l'Académie des Sciences et Belles-Lettres de Prusse. *Berlin*, 1776, 3 tomes en 1 vol. in-8. bas.

505. A sexcentenary Table by J. Bernoulli. *London*, 1779, in-4. br.

506. Tables astronomiques, publiées par le Bureau des Longitudes ; (première Partie, par MM. Delambre et Bürg). *Paris*, 1806, in-4. bas. rac. — Tables de la Lune de M Burckhardt, publiées par le même Bureau. *Paris*, 1812, in-4. br.

507. Tabulæ Martis novæ et correctæ ex Theoriâ gravitatis Dom. de Laplace, et ex Observationibus recent. erutæ, autore Bern. de Lindenau. *Eisenberg*, 1811, in-4. br.

508. Tables nouvelles de Vénus, d'après la Théorie de M. de Laplace et d'après les Elémens de M. de Lindenau, calculées par Reboul. *Marseille*, 1811, in-4. br.

(39)

509. Tables générales de la hauteur et de la longitude du Nonagésime, par Levêque. *Avignon*, 1776, 2 tomes eu 1 vol. in-8. d. rel.— Conspectus Longitudinum et Latitudinum geographicarum à 1799 ad 1804, in plagâ æquinoctiali ab Alexandro de Humboldt astronomicè observatarum calculo subjecit Jobbo Oltmans. *Lutetiæ Paris.*, 1808, gr. in-4. br.

510. Tables requisite to be used with the nautical Ephemeris for finding the latitude and longitude at sea. *London*, 1781, gr. in-8. br.

511. The same, by Maskelyne. *London*, 1802, grand in-8. pap. vél.

512. Nouveau Zodiaque réduit à l'année 1755. *Paris*, *Imp. Roy.*, 1755. = Table de la longitude et de la latitude de toutes les Etoiles fixes zodiacales, par Dheuland. *Paris*, *l'Auteur*. (Les 2 part. en 1 v. in-8. br., texte gravé.) — Mémoire explicatif du Zodiaque, par Dupuis. *Paris*, 1806, in-4. d. rel.

513. Représentation des Astres, par Bode (*en allemand*). *Berlin*, 1782, in-4. oblong, d. rel.

514. Traité analytique des Mouvemens apparens des Corps célestes, par Dionis du Séjour. *Paris*, 1786, 2 vol. in-4. demi-rel.

515. G. Mouton Observationes diametrorum Solis et Lunæ apparentium. *Lugduni*, 1670, in-4. v. f. — The Power of God, deduced from the computable instantaneous productions of it in the Solar system, by Sam. Horsley. *London*, 1767, in-8. br.

516. Thomæ Mayer, Theoria Lunæ, juxta Systema newtonianum. *Londini*, 1767, in-4. d. rel.

517. J. Alb. Euleri, Lud. Krafft et J. A. Lexel, Theoria motuum Lunæ, dirigente Leon. Eulero. *Petropoli*, 1772, in-4. d. rel.

518. Etat des Etoiles fixes au second siècle, par Cl. Ptolémée, comparé à la position des mêmes Etoiles en 1786, avec le texte grec et la traduction française, par Montignot. *Strasbourg*, 1787, in-4. d. rel. — Josephi Slop de Cadenberg novi Planetæ Observationes et Theoria. *Pisis*, 1782, in-4. fig. br. — Réflexions sur les satellites des Etoiles, par Nic. Fuss. *Saint-Pétersbourg*, 1780, in-4. fig. br. — Recherches d'A. J. Lexell sur la nouvelle Planète découverte par Herschel, et nommée *Georgium sidus*. *Ibid.*, 1783, in-4. — De l'Orbite d'Herschel ou Uranus, avec de nouvelles tables, par de Caluso, in-4. br.

519. Pièce qui a remporté le Prix de l'Académie des Sciences en 1748, sur les Inégalités du mouvement de Saturne et de Jupiter. *Paris*, 1749, in-4. bas. rac. — De Inæqualitatibus quas Saturnus et Jupiter sibi mutuò videntur inducere, præsertim circa tempus conjunctionis, autore **R. J. Boscovich**. *Romæ*, 1756, in-8. br. en cart.

520. Essai sur la Théorie des Satellites de Jupiter, etc. par Bailly, avec les Tables de Jupiter par Jeaurat. *Paris*, 1766, in-4. d. rel. — Tables de Jupiter et de Saturne, par M. Delambre. *Paris*, 1789, in-4. d. rel.

521. Essai sur les Phénomènes relatifs aux disparitions périodiques de l'Anneau de Saturne, par Dionis du Séjour. *Paris*, 1776, in-8. bas. — Essai sur les Comètes en général, et particulièrement sur celles qui peuvent approcher de l'Orbite de la terre, par le même. *Paris*, 1775, in-8. bas.

522. Cométographie, ou Traité des Comètes, par Pingré. *Paris*, *Imp. Roy.*, 1783, 2 vol. in-4. v. m.

523. J. H. Lambert insigniores Orbitæ Cometarum Proprietates. *Augustæ Vindel.*, 1761, in-8. demi-rel. — Dissertations sur la Théorie des Comètes, pour le Prix de l'Académie de Prusse, 1777. *Utrecht*, 1780, in-4. br. en cart.

524. Reflexions sur le temps périodique des Comètes en général, et principalement sur celui de la Comète observée en 1770, par **A. J. Lexell**. *Saint-Pétersbourg*, 1778, in-4. br.

525. De la nouvelle Comète, par Bode (*en allemand*). *Berlin*, 1784, in-8. fig. br. en cart. — Résultats des Observations de la nouvelle Comète, par Piazzi, publiés par Seyffer (*en allemand*). *Gottingue*, 1801, in-8. br.

526. Christ. Hugenii Zulichemii Horologium oscillatorium. *Parisiis*, 1673, p. in-fol. v. br.

527. Règle artificielle du Temps, ou Traité des Horloges et des Montres, par H. Sully, augmenté par Julien Leroy, *Paris*, 1737, in-12. fig. br. en cart.

528. Mémoire sur le travail des Horloges et des Montres à longitudes, inventées par Ferd. Berthoud. *Paris*, 1792, in-4. — De la Mesure du Temps par les Horloges dans l'usage civil, par le même, 1797, in-4. — Entretiens sur l'Horlogerie à l'usage de la Marine, par L. Berthoud. *Paris*, 1812, in-12, br. — Histoire de la Mesure du Temps, par les Horloges, par F. Berthoud. *Paris*, 1802, 2 vol. in-4. fig. br. en cart.

529. Censorini Liber de Die natali, cum notis variorum, ex recensione Sig. Havercampi. *Lugduni Batav.*, 1743, in-8. vél.

§ V.

Optique et Traités physico-mathématiques.

530. Histoire et état présent de l'Optique, par Priestley, trad. de l'anglais en allemand, par Klügel. *Leipzig*, 1796, in-4. br.

531. Cours d'Optique, trad. de l'anglais de Smith, par le P. Pezenas. *Avignon*, 1767, 2 vol. in-4. v. m.

532. Leçons élémentaires d'Optique, par l'abbé de La Caille. *Paris*, 1766, in-8. bas. — Traité d'Optique de Bouguer, publié par de La Caille. *Paris*, 1760, in-4. v. m.

533. Sei Dialoghi ottici teorico-pratici, da Lor. Selva. *Venezia*, 1787, in-4. br.

534. Nouveaux principes de la Perspective linéaire, trad. de l'angl. de Brook Taylor et du latin de Patrice Murdoch, avec un Essai sur le Mélange des Couleurs, par Newton. *Lyon*, 1759, in-8. fig. v. m.

535. Route de la Lumière par Lambert; (*en allemand*). *Berlin*, 1772, pet. in-8. d. rel.— De la Perspective, par le même (*en allemand*). *Zurich*, 1774, in-8. d. rel.

536. Christ. Hugenii Opuscula posthuma, scilicet, Dioptrica, de formandis vitris, de coronis et partheliis, de motu, de vi centrifugâ, et Descriptio automati Planetarii. *Lug. Bat.*, 1703, in-4. fig. v. f. — Traité de la Lumière, avec un discours sur la cause de la pesanteur, par C. Huygens. *Leyde*, 1690, in-4. d. rel.

537. Séances des Écoles Normales, revues par les Professeurs. *Paris*, 1800, 13 vol. in-8. et atlas, bas. rac.

538. Journal de l'Ecole Polytechnique. *Paris*, 1795–1809, in-4., 15 cahiers formant 8 tom. rel. en 11 vol. d. rel.

539. Correspondance sur l'Ecole Polytechnique, par Hachette. *Avril*, 1804. — *Mai*, 1808, tome 1er. *Paris*, 1808, in-8. bas. — Un paquet de Programmes, Rapports et autres Pièces relatives aux travaux de l'École Polytechnique, dont: Méthode droite et inverse des différences, avec des développemens sur d'autres branches de l'analyse, par M. Prony, et Essai sur la composition des Machines, par MM. Lanz et Betancourt, fig.

540. Mar. Mersenni Opera Physico-Mathematica. *Parisiis*,

(42)

1644, 3 tom. 2 v. in-4. v. br. — Ejusdem Cogitata Physico-Mathematica. *Parisiis*, 1744, in-4. d. rel.
541. P. Frisii Cosmographia physica et mathematica. *Mediolani*, 1774, 2 vol. in-4. d. rel.
542. Observations mathématiques, astronomiques, géographiques, chronologiques et physiques, faites aux Indes
et à la Chine, par le P. Souciet. *Paris*, 1729, 3 v. in-4. d. r.
543. Expériences Physico-Mécaniques sur différens sujets,
trad. de l'angl. de Hauksbée, par de Bremond, avec des
remarques et des notes, par Desmarest. *Paris*, 1754,
2 vol. in-12, fig. d. rel.
543.*bis*. Recueil de Mémoires sur la Mécanique et la Physique,
par Rochon. *Paris*, 1782, in-8. fig. d. rel. — Mémoires
sur différens sujets relatifs aux Sciences et aux Arts, par
M. de Puymaurin. *Paris*, 1811, in-8. br.
544. Tracts mathematical and philosophical, by Ch. Hutton.
London, 1786, in-4. d. rel. (vol. I.)
545. Description d'un Pied mécanique-logarithmitique, par
J. H. Lambert. — Observations sur le Micromètre de
verre de Brander, *et Tabula Chordarum à primo radio
usque ad 30 gradum, ab eodem auctore. Augsbourg*, 1761
et 1769, trois pièces. — Description de deux Micros-
copes, — de deux nouveaux Baromètres, — d'une Machine pneumatique du cabinet *Antlia*, — d'un Sextant
de miroir, — d'une Chambre obscure, — d'un Pla-
nisphère astrognostique équatorial : les six dernières
pièces, par Geo. Fréd. Brander, et les instrumens y dé-
crits de son invention, avec fig. *Augsbourg*, 1769 —
1775 : le tout *en allemand*, formant 8 pièces en 1 vol.
in-8. d. rel.

Art Militaire.

546. Edition portative des Rêveries du maréchal de Saxe,
par Deviols. *Dresde*, 1757, in-12, v. m.
547. Réponse de Montalembert au Mémoire sur la Fortifi-
cation perpendiculaire par des officiers du génie. *Paris*,
1787, in-8. v. m. — Considérations militaires et politiques sur les Fortifications, (par Mich. d'Arçon). *Paris*,
1795, in-8. br. — De la Défense des Places Fortes, par
M. Carnot. *Paris*, 1811, in-8. br.
548. De la Défense des Places Fortes, par M. Carnot. *Paris*,
1811, in-4. fig., br. en cart.
549. Instruction pratique pour la construction des ouvrages

à fascines, par Eutelwein (*en allemand*). *Berlin*, 1800, in-4. br.

55o. Nouveaux Principes d'Artillerie, par L. Euler (*en allem.*). *Berlin*, 1745, in-8. d. rel.

551. Nouveaux principes d'Artillerie de B. Robins, commentés par Euler, trad. de l'allem., avec des Notes par Lombard. *Paris*, 1783, in-8. bas.

552 Essai d'une Théorie d'Artillerie, par le chevalier d'Arcy. *Paris*, 1760, in-8. br. en cart. — Tables du Tir des canons et des obusiers, par Lombard, 1787, in-8. br.

553. Recherches sur les meilleurs effets à obtenir dans l'Artillerie, par le Comte Lamartillière. *Paris*, 1811, 2 vol. in-8. br.

554. The true principles of Gunnery investigated and explained by Hugh Brown. *London*, 1777, in-4. br. en c.

555. Nouvelles expériences d'Artillerie, trad. de l'angl. de Ch. Hutton, par Villantroys. *Paris*, 1802, in-4. d. rel.

556. Procédé de la fabrication des armes blanches. *Paris, Impr. du departement de la Guerre*, an 2, in-4. br. — Mémoire sur la Guerre souterraine, la Poudre de mine, sur une nouvelle Bouche à feu, nommée *Petard-souterrain*, par Coutèle. *Savone*, 1812, in-4. fig. br. — Observations sur les Voitures à deux roues pour l'usage du commerce, et pour le service du canon de bataille, par M. Grobert. *Paris*, an 4, in-4. br.

557. Mémoire sur la ligne que tracent les boulets de canon, par Karsten, (*en allem.*). *Rostock*, 1764, in-4. br. — Observations sur la force de la poudre à canon, par Lambert (*en allem.*). *Dresde*, 1766, in-8. d. rel.

Beaux-Arts et Arts et Métiers.

558. De l'Art de voir dans les Beaux-Arts, trad. de l'ital. de Milezia, par M. de Pommereul. *Paris*, 1798, in-8. br.

55q. Traité élémentaire de la Peinture, par Léonard de Vinci. *Paris*, 1803, in-8. fig. br. en cart.

56o. Antiquæ musicæ Autores VII, græcè et lat., ex recensione et cum notis M. Meibomii. *Amst., Elzevirius*, 1652, 2 tom. 1 vol. in-4. v. br.

561. Mémoire sur la Musique des anciens, par Roussier. *Paris*, 1774, in-4. bas. — Histoire de la Musique, par de Blainville. *Paris*, 1767, in-4. v. m.

562. Le istitutioni harmoniche di Gioseffo Zarlino. *Venetia*, 1562, p. in-fol. mar. r. à comp., tr. d.

(44)

563. Dimostrationi harmoniche, di Zarlino. *Venetia,* 1571, p. in-fol. v. br.

564. Mersenni Harmonicorum libri. *Lutetiæ Parisiorum,* 1636, in-fol. d. rel.

565. Traité de l'Harmonie, par Rameau. *Paris,* 1722, in-4. d. rel. — Code de Musique pratique, par le même. *Paris,* 1760, in-4. d. rel.

566. Elémens de Musique, par d'Alembert. *Lyon,* 1762, in-8. v. f. — Exposition de la Théorie et de la Pratique de la Musique, par de Bethizy. *Paris,* 1764, in-8. d. r.

567. Découvertes sur la Théorie du Son, par Chladni (*en allem.*). *Leipzig,* 1787, in-8. fig. br. — Traité d'Acoustique, par Chladni. *Paris,* 1809, in-8. v. rac.

568. Dictionnaire de Musique, par J. J. Rousseau. *Paris,* 1768, in-4. v. m.

569. M. Vitruvii Pollionis de Architecturâ libri X, ex recens. Aug. Rode. *Berolini,* 1800, in-4. bas.

570. Théorie et pratique de la coupe des pierres et des bois, par Frezier. *Paris,* 1754, 3 vol. in-4. d. rel.

571. Traité de la coupe des bois pour le revêtement des voûtes, etc., par Blanchard. *Paris,* 1729, in-4. d. rel.

572. Mémoire sur le Problème de rendre durable le bois de construction (*en Allemand*). *Saint-Pétersbourg,* 1780, in-4. br.

573. Traité de l'Art du Charpentier, par Hassenfratz. *Paris,* 1804, 2 vol. in-4. fig. br.

574. Mémoire sur la recherche des moyens que l'on pourrait employer pour construire de grandes arches de pierre, par Perronet. *Paris,* 1793, in-4. fig. br. en cart. — Description des travaux exécutés pour le déplacement des groupes de Coustou, par M. Grobert. *Paris,* an 4, in-fol. oblong. fig. br.

575. Mémoire sur le Département des Ponts et Chaussées, par de la Millière. *Paris,* 1790, in-4. br.

576. Recueil de divers Mémoires extraits de la bibliothèque des Ponts et Chaussées, par M. Lesage. *Paris,* 1806, gr. in-4. pap. vél. br. en cart., dos de mar. r. — 2e Recueil, par le même. *Ibid.,* 1808, in-4. fig. d. rel.

577. Elémens de l'art de la Teinture, par Berthollet. *Paris,* 1791, 2 vol. in-8. d. rel.

578. Traité des Plantes qui servent à la teinture et à la peinture, par Buc'hoz. *Paris,* 1785, in-12, br. — Notice sur le Pastel, sa culture et les moyens d'en retirer l'indigo, par de Puymaurin. 1810, in-8. — Instruction

sur le même objet, par le même, 1813, in-8. — Notice
publiée (en italien) par l'Académie de Turin, sur cette
question : indiquer le moyen le plus facile et le plus économique de tirer de la guède (pastel) ou d'autre plante
du pays, une fécule bleue propre à être substituée à l'indigo dans l'usage de la teinture, 1791.

579. Vingt-trois vol. et pièces in-4. et in-8., dont : Essai sur
les moyens de perfectionner les arts économiques en
France, par M. Silvestre, et divers ouvrages d'architecture rurale, par M. Cointereau.

580. Description de l'art de fabriquer les Canons, par
M. Monge. *Paris*, an 2, in-4. fig. br.

581. Description d'un poêle économique, par Baumer (*en
allem.*). *Berlin*, 1795, in-4. rel. en cart. — Description
d'un établissement réunissant une brasserie et une fa-
brique d'eau-de-vie, par Eutelwein ; (*en allem*). *Berlin*, 1802, in-8. br.

582. La Pogonotomie ou l'Art d'apprendre à se raser
soi-même, par Perret. *Yverdun*, 1770, p. in-8. fig. br.

BELLES-LETTRES.

*Traités sur les Langues, Lexiques, Art oratoire
et Poésies grecque et latine.*

583. Hermès, ou Recherches philosophiques sur la Grammaire universelle, traduites de l'anglais de Harris, par
M. Thurot. *Paris*, 1796, in-8. bas.

584. Grammaire philosophique ou la Métaphysique, la Logique et la Grammaire réunies en un seul corps de doctrine, par Dieudonné Thiébault. *Paris*, 1802, 2. vol.
in-8. br. — Traité du Style, par le même. *Paris*,
1810, 2 vol. in-8. br.

585. Quatorze vol. et br. in-8. et in-12, dont : Essai de
Grammaire générale, par Cros ; Projet d'une langue uni-
verselle, par Delormel ; dell' Uso della Lingua francese,
Berlino, 1803.

586. Joa. Isaaci Grammatica hebræa. *Antuerpiæ*, 1564,
in-4. d. rel.

587. De M. Gail : Cours de Langue grecque avec versions
interlinéaires, lat. et franc. *Paris*, 1797. — Traduction
en français de l'Économique de Xénophon, de l'apologie

de Socrate, et du Traité d'équitation, avec le texte grec.
1793. — Nouveau choix de Fables d'Esope. 1799, 3
vol. in-8. d. rel.

588. Schrevelii lexicon manuale græco-latinum, curante
Janet. *Lutetiæ*, 1806, in-8. bas.

589. Rob. Stephani Thesaurus linguæ latinæ, edente A.
Birrio. *Basileæ*, 1740, 4 vol. in-fol. v. m.

590. Caroli Dufresne D. du Cange, Glossarium ad scriptores mediæ et infimæ latinitatis. *Parisiis*, 1733, 6 vol.
— Glossarium novum ad scriptores medii ævi tùm latinos
tùm gallicos, autore Carpentier. *Parisiis*, 1766, 4 vol.,
les 10 vol. in-fol. v. m.

591. Dictionnaire universel français et lat. *dit* de Trévoux.
Paris, 1771, 8 vol. in-fol. v. m.

592. De l'Universalité de la Langue française, par de Ri-
varol. *Paris*, 1797, in-4. d. rel.

593. Vocabolario degli Academici della Crusca. *Firenze*,
1691, 3 vol. in-fol. v. br.

594. Vocabulaire français et italien et italien français, extrait du Diction. d'Alberti. *Gênes*, 1793, 2 v. in-8. d. r.

595. Nouveau Dictionnaire allem. franç. et franç. allem.
à l'usage des deux nations. *Strasb.*, 1774, 2 v. in-8. bas.

596. Dictionnaire allem., composé sur la 5ᵉ édition du
Dictionnaire de l'Académie française, par S. H. Catel.
Berlin, 1801, 2 vol. in-4. bas. rac.

597. Dictionnaire angl.-franç. et franç.-angl., par Boyer.
Londres, 1764, 2 vol. in-8. bas. j.

598. A compleat Vocabulary english and german, by Th.
Arnold and J. Barth. Rogler. *Zullichau*, 1777, in-8. bas. j.

599. Éloges lus à l'Académie française, par d'Alembert.
Paris, 1779, 6 vol. in-12, bas. — Éloges des Acadé-
miciens de l'Académie des Sciences, par de Condorcet.
Paris, 1773, in-12, v. f.

600. Discours de Réception prononcés dans les Séances
de l'Institut, et Eloges et Discours qui ont remporté les
prix qui y ont été proposés; 15 pièces in-4. et 5 pièces
in-8. br.

601. IV Eloges de René Descartes, dont ceux donnés
par Thomas et Gaillard. *Paris*, 1765, in-8. v. br.

602. L'Iliade et l'Odyssée d'Homère, trad. par Bitaubé.
Paris, 1780, 6 vol. in-8. bas. éc.

603. Hesiodi quæ extant, gr. et lat. cum italicâ versione
Ant. Mar. Salvini, accurante A. Zanolini. *Patavii*, 1747,
in-8. v. m.

4. Orphei Argonautica, Hymni et fragmenta, gr. et *lat.*,

cum notis variorum , curante Ge. Ch. Hambergero. *Lip-siæ* , 1764 , in-8. vél.

6o5. L'Expédition des Argonautes , traduite du grec d'Apollonius de Rhodes , par M. Caussin. *Paris*, 1797 , in-8. bas.

6o6. Corpus omnium veterum Poetarum latinorum. *Au-reliæ Allobrogum* , 1611 , 2 vol. in-4. d. rel.

6o7. Lucrèce, trad. par Lagrange, avec le texte. *Paris* , 1768 , 2 vol. in-12 , fig. v. porp.

6o8. Di Tito Lucrezio Caro Libri sei tradotti di Aless. Marchetti. *Londra* , 1717 , in-8. v. m.

6o9. Traduction des Poésies de Catulle et de Gallus , par M. Noël. *Paris* , 18o3 , 2 vol. in-8. v. rac.

61o. Virgilii Mar. Bucolica, Georgica et Æneis. *Kell*, 1784, in-8. v. m. all. — Q. Horatius Flaccus, *Glasguæ*, *Foulis*, 1744 , in-12, v. m.

611. Les Bucoliques de Virgile , trad. en vers français, avec le texte (par M. Langeac). *Paris* , 18o6 , in-18, br. en cart. — Poésies complètes d'Horace, trad. par Batteux et Peyrard. *Paris*, 18o3 , 2 vol. in-12, bas.

612. L'Eneide di Virgilio tradotta da Vitt. Alfieri. *Londra*, 18o4 , 2 vol. in-8. br.

613. Q. Horatii Flacci Carminum Libri v , cum appositâ italicâ interpretatione Francisci Venini. *Mediolani* , 1786, in-4. d. rel.

614. Les Métamorphoses d'Ovide , trad. en français , par Banier. *Paris* , 1787 , 3 vol. in-12 , bas.

615. Traduction des Fastes d'Ovide , par Bayeux, avec le texte. *Rouen* , 1783 , 4 vol. in-8. fig. v. j.

616. Œuvres de Claudien, trad. en français (par M. Delatour) , avec le latin. *Paris* , 1798 , 2 vol. in-8. bas. rac.

617. Satires de Juvénal , trad. par Dusaulx. *Paris* , 1782 , in-8. bas. éc.

618. Epigrammes de Val. Martial , lat. et franç. , traduct. nouvelle (*Paris* , 18o7) , 3 vol. in-8. d. rel.

619. Les Fables de la Fontaine ; avec la traduction en vers latins, par Giraud. *Rouen* , 1775, 2 vol. in-8. bas.

62o. Poésies latines , dont : cinq Odes et Poëmes de M. Cauchy; et Poésies de MM. Mouzard et Legouvé , sur la naissance du Roi de Rome , quelques-unes d'elles avec la traduction en vers italiens.

621. La Morale des Poëtes , ou Pensées extraites des plus célèbres poëtes latins et franc. , par Moustalon. *Paris* , 18o9, in-12 , bas. rac.

Poésies française et étrangère.

622. Les Vaudevires, poésies du xve siècle , par O. Bas-
selin , avec un Discours sur sa vie et des notes. *Vire ,*
1811 , in-8. pap. vél. br.
623. Fables de La Fontaine. *Paris ,* 1783 , 2 tom. en 1 vol.
in-fol. d. rel.
624. La Henriade de Voltaire , avec des Remarques par
Palissot. *Paris ,* 1784, in-8. bas. — L'Enriade di Voltaire , trad. in ottava rima dal Conte Tho. Medini. *In Au-
gusta ,* 1779 , in-4. d. rel.
625. Fables , Contes et Epitres, par Lemonnier. *Paris ,*
1773 , in-8. br. — Poésies de Nic. Bonneville, *Paris ,*
1793 , in-8. br.
626. Trente-sept vol. et pièces in-4. et in-8. br. , dont :
l'Astronomie, poëme, par Gudin , in-8. — Trisection de
l'angle , suivie du Voyageur, par Macc Hérouste, 1807 ;
l'Atlantiade, ou la Théorie newtonienne , par N. L.
Mercier , in-8.
627. Il Dante. *Lione , di Tournes ,* 1547 , in-12, v. f.
628. L'Enfer , du Dante, trad. par Moutonnet de Clair-
fons, avec le texte. *Paris ,* 1776 , in-8. bas. rac.
629. Petrarca. *Venezia ,* 1784 , 2 vol. in-8. v. f. — Il
Goffredo del Torq. Tasso. *Padoua ,* 1649 , in-12,
fig. bas.
630. Opere di Lod. Ariosto in versi , e in prosa , italiane
e latine. *In Venezia,* 1760, 4 tomes en 3 vol. in-12,
demi-rel.
631. Al J. L. de Lagrange , Epistola in versi italiani. *Bologna ,* 1767 , in-8. bas. éc.
632. Versi di Diodata Saluzzo. *Torino ,* 1796, gr. in-8.
pap. d'Hollande , rel. en cart.
633. Versi italiani di Tommaso Valperga Caluso. *Torino,*
1807, in-4. bas. jaspé.— Masino : Scherzo epico di Eu-
forbo Melesigenio. *Brescia ,* 1808 , in-8. bas. jasp.
634. Onze volumes et br., in-4., in-8. et in-12, poésies
italiennes , dont : Il Conclave del 1774, Dramma per
musica , Castruccio , poema epico di Com. Moscheni.
635. Montmartre , poëme hollandais , avec la traduction
française , par le Comte de Meerman. *Paris ,* 1812 ,
in-4. b.

*Mythologie, Hiéroglyphes, Romans et Contes,
Philologie, Polygraphie et Lettres.*

636. L'Origine des Dieux du Paganisme , par Bergier.
Paris, 1774, 2 vol. in-12 , bas.
637. Opuscula mythologica, physica et ethica, gr. et lat.,
cum notis variorum. *Amstel.* , 1688 , in-8. vél.
638. Auctores Mythographi Latini, curante Van-Staveren.
Lugd. Bat. , 1742 , in-4. br. en cart.
639. Bibliothèque d'Apollodore, trad. du grec par M. Clavier, avec le texte. *Paris*, 1805, 2 vol. in-8. bas. rac.
640. Porphyrius, de Antro Nympharum , gr. et lat. , ex recognitione Van-Goens. = Ejusdem de Abstinentiâ ab esu
animalium, gr. et lat., cum diversorum notis, edente
Jac. de Rhoer. *Trajecti ad Rhen.*, 1765 et 1767, 2 part,
1 vol. in-4. br. en carton , dos de v. f.
641. Antonini Liberalis transformationum congeries, gr. et
lat. , interprete Guil. Xylandro , cum notis Munckeri et
Verheyk. *Lugd. Bat.*, 1774, in-8. vél.
642. Horapollinis Hieroglyphica, gr. et lat., cum notis variorum, curante Jo. Corn. de Pauw. *Traj. ad Rhenum*,
1727, in-4. vél.
643. Essai sur les Hiéroglyphes des Egyptiens, traduit de
l'anglais de Warburthon. *Paris*, 1744, 2 vol. in-12, v. j.
644. Traduction des meilleurs Romans grecs, latins et gaul.,
extraits de la Bibliothèque des Romans.*Paris*,1785 , 2 vol.
in-4. v. m.
645. Il Decamerone di Giov. Boccaccio. *Lione, Rouillio*,
1555, 1 tome en 2 vol. in-16, bas. f.
646. Capricciosi et piacevoli ragionamenti di Pietro Aretino,
con Dialogo di Madalena è Giulia. *Cosmopoli* (*Elzevier*),
1660, in-8. v. br.
647. Novelle galanti dell' ab. Casti. *Milano*, 1797, 2 tom.
en 1 vol. in-12. d. rel.
648. Pétrone, latin et français, trad. par Nodot. *Paris*,
1799, 2 vol. in-8. d. rel.
649. Aur. Th. Macrobii Opera, cum notis variorum, curante Zeunio. *Lipsiæ*, 1774, in-8. bas.
650. Les Nuits attiques d'Aulu-Gelle, trad. par de Ver-
teuil. *Paris*, 1776, 3 vol. in-12, bas. éc.
651. Jo. Clerici Ars critica. *Lugduni Batav.*, 1778, 3 vol.
in-8. v. éc.
652. Commentatio de Causis et auctoribus narrationum de

mutatis formis ad illustrandum maximè et dijudicandum opus Metamorphosium Ovidianum , auctore J. G. Lud. Mellmann. *Lipsiæ*, 1786, in-8. d. rel.

653. Divers morceaux de Littérature latine en prose, dont Epistola Horatii ad Augustum in morte Mæcenatis, gr. in-4.

654. Christ. Theoph. Kratzenstenii Tentamen præmio coronatum resolvendi Problema ab Academiâ Petropolitanâ anno 1780 publicè propositum : qualis sit natura et character litterarum vocalium, etc. *Petrop.*, 1781 , in-4. br.

655. Mélanges de Littérature, d'Histoire et de Philosophie, par d'Alembert. *Amst.* 1759, 5 vol. in-12, bas. — Œuvres posthumes du même. *Paris*, 1799, 2 vol. in-12, bas.

656. Discours et Mémoires, par S. Bailly. *Paris*, 1790, 2 vol. in-8. bas.

657. Mélanges de Littérature , par M. Suard. *Paris*, 1803, 3 vol. in-8. d. rel.

658. Mémoires d'un Voyageur qui se repose, par Dutens. *Paris*, 1806 , 3 vol. in-8. d. rel.

659. Manuel de l'Histoire de la Littérature grecque, par Riendcker (*en allemand*). *Berlin*, 1802, in-8. br. — Considérations sur divers sujets qui occupent aujourd'hui la plume de beaucoup d'écrivains, par le comte de Windisch-Gratz (*en allem*). *Nurenberg*, 1787, in-8. bas.

660. Philostratorum Opera quæ exstant, græcè et latinè. *Parisis*, 1608, in-fol. v. f.

661. Œuvres morales et Vies des Hommes Illustres, trad. du grec de Plutarque, par Ricard. *Paris*, 1783, 30 vol. in-12 , bas.

662. Luc. Apuleii Opera. *Biponti*, 1788, 2 vol. in-8. bas. rac.

663. Les traductions suivantes de Cicéron : De la Divination, par Regnier-Desmarais, suivie du Traité de la Consolation, trad. par Morabin. *Paris*, an III, 1 vol. — Entretiens sur les vrais biens et sur les vrais maux, par le même Regnier-Desmarais. *Paris*, an III, 1 v. — Traité des Lois, par Morabin. *Paris*, 1777, 1 vol. — Tusculanes, par Bouhier et d'Olivet. *Paris*, 1776, 2 vol. — Entretiens sur la Nature des Dieux, par d'Olivet. *Paris*, 1793, 2 vol. — Lettres à Atticus, par Mongault, avec le latin. *Paris*, 1787, 4 vol. — Académiques, traduites par D. Durand, suivies du Commentaire de Valence, trad. par de Castillon. *Paris*, an IV, 1 vol. — Les Livres de la Vieillesse et de l'Amitié, etc., par de Barrett. *Paris*, an III, 1 vol., en tout 13 vol. in-12, bas.

664. Lettres et Panégyrique de Trajan par Pline le jeune ,

trad. par de Sacy, avec le texte. *Berlin*, 1750, 2 vol. in-12, v. f.

665. Œuvres diverses de M. Abauzit. *Londres, (Hollande)*, 1773, 2 tom. 1 vol. in-8. v. m.

666. Œuvres choisies de Condillac. *Paris*, 1796, 2 vol. in-4. demi-rel.

667. Œuvres complètes de Fréret. *Londres*, 1775, 4 vol. in-8. bas.

668. Les mêmes. *Paris*, 1792, 4 vol. in-8. bas. éc.

669. Les mêmes, publiées par de Septchênes. *Paris*, 1796, 20 vol. pet. in-12, d. rel.

670. Lettres de Madame de Maintenon. *Glascow*, (*Paris*), 1756, 7 vol. pet. in-12, v. m.

671. Correspondance, ou Recueil des Lettres de Voltaire. *Kell*, 1785 et années suivantes, 18 vol. in-8. d. rel.

672. Correspondance de Voltaire et du cardinal de Bernis, publ. par Bourgoing. *Paris*, an VII, in 8. d. rel. — Lettres de Paciaudi au comte de Caylus. *Paris*, 1802, in-8. br. — Lettres de Jean de Muller à ses amis de Bonstetten et Gleim. *Paris*, 1812, in-8. br.

673. Lettres originales de Mirabeau, recueillies par Manuel. *Paris*, 1792, 4 vol. in-8. d. rel.

674. Lettere inedite di uomini illustri per servire d'appendice all'opera intitolata : Vitæ Italorum doctrinâ excellentium, publicate dal. Aug. Fabroni. *In Firenze*, 1773, 2 vol. in-8. d. rel.

HISTOIRE.

Géographie, Voyages, Chronologie et Histoire universelle.

675. La Geografia di Claudio Tolomeo tradotta di greco in italiano da Gir. Ruscelli. *Venetia*, 1561, in-4. v. br.

676. Strabonis Res geographicæ, gr. et lat., cum notis variorum, curâ Th. Janssonii ab Almeloveen. *Amstel.*, 1707, 2 vol. in-fol. v. br.

677. Précis de la Géographie universelle, par Malte-Brun. *Paris*, 1810, 3 vol. in-8. br. et première partie de l'atlas in-4. br. en cart.

677bis. Description nautique des côtes orientales de la Grande-Bretagne et des côtes de Hollande, du Jutland et de Norwège, trad. de l'anglais par P. Levêque. *Paris*, *Impr. de la Répub.*, an XII, in-4. br. en cart.

678. Coup d'œil philosophique sur le pays occupé par les Cosaques du Don; ancienne Communication découverte entre la mer Caspienne, celle d'Azow et la mer Noire ; Description des moyens employés pour préserver Tscherkask des gros débordemens du Don , par A. L. de Romano. *Milan* , 1807 , 2 vol. in-8. fig. bas. rac.

679. Collection abrégée des Voyages anciens et modernes autour du Monde, rédigée par Bancarel. *Paris* , 1809 , 12 vol. in-8. fig. br.

680. Voyage autour du Monde , par Marchand, rédigé et publié par Claret - Fleurieu. *Paris* , 1798 , 4 vol. in-4. br. en carton.

681. Itinéraire de Paris à Jérusalem , par M. de Châteaubriand. *Paris* , 1811 , 3 vol. in-8. bas. rac.

682. Voyage en Piémont, par Breton. *Paris* , 1803 , in-8. fig. d. rel. — Tableau historique, statistique et moral de la haute Italie et des Alpes qui l'entourent, par Denina. *Paris* , 1805 , in-8. d. rel.

683. Voyages physiques et lythologiques dans la Campanie , trad. de l'italien de Breislak, par le général Pommereul. *Paris* , 1801, 2 vol. in-8. d. rel.

684. Voyage philosophique et pittoresque sur les rives du Rhin, etc. , trad. de l'allem. de Forster, par M. Pougens. *Paris* , 1795 , 2 vol. in-8. d. rel.

685. Notitia Regni Bohemiæ Scriptorum, geographica et chorographica, collecta à Bern. Erber. *Vindobonæ* , 1760, in-fol. fig. bas.

686. Voyage en Syrie et en Egypte , par M. Volney. *Paris* , 1799, 2 vol. in-8. fig. bas. j.

687. Ambassade au Thibet et au Boutan , trad. de l'anglais de Turner, par Castéra. *Paris* , 1800 , 2 vol. in-8. et atlas in-4. demi-rel.

688. Voyages aux Indes orientales et à la Chine, par Sonnerat. *Paris* , 1806 , 4 vol. in-8. br. et atlas in-4. cart.

689. Voyage dans les mers de l'Inde, par Le Gentil. *Paris* , 1779 , 2 vol. in-4. d. rel.

690. Voyage à Madagascar et aux Indes orientales, par Rochon. *Paris* , 1802 , 3 vol. in-8. br.

691. Voyage de Humboldt et Bonpland : 1ère part., Vues des Cordillières et Monumens des peuples de l'Amérique, livraisons 1 à 4. *Paris* , 1810, gr. in-fol. pap. vél. fig., br. en cart.

692. Voyage des mêmes (Astronomie et Magnétisme), les deux premières livraisons. *Paris* , 1808, grand in-4. pap. vél. br.

693. Beda, de naturâ rerum et temporum ratione. *Basileæ*, 1529, pet. in-fol. v. br. (piqué). — Chronica Eusebii Pamphili, Hieronymo interprete, cum continuatione Prosperi Aquitani. *Burdigalœ*, 1604, in-fol. v. br.

694. Jos. Scaligerus de emendatione temporum. *Genevœ*, 1629, in-fol. vél.

695. Petavii Doctrina temporum, edente Harduino. *Antuerpiœ*, 1705, 2 vol. in-fol. v. br.

696. La Chronologie des anciens Royaumes corrigée, trad. de l'anglais d'Is. Newton (par Granet). *Paris*, 1728, in-4. v. j.

697. Tablettes chronologiques de l'Histoire universelle, par Lenglet Dufresnoy. *Paris*, 1763, 2 vol. in-8. v. m.

698. Les Ruines, par M. Volney. *Paris*, 1792, in-8. fig. v. m. fil. — Chronologie d'Hérodote, par le même. *Paris*, 1808, in-8. br.

699. Les mêmes Ruines. *Paris*, 1799, in-8. pap. vél. b as. éc.

700. Histoire universelle, trad. de l'anglais. *La Haye*, 1752 et années suiv., 46 vol. in-4. v. m.

Histoire des Religions.

701. Origine de tous les Cultes, ou Religion universelle, par Dupuis. *Paris*, an III, 3 vol. et atlas, in-4. d. rel.

702. Analyse raisonnée de l'Origine de tous les Cultes, de Dupuis (par M. de Tracy). *Paris*, 1804, in-8. d. rel.

703. Parallèle des Religions, par Brunet. *Paris*, 1792, 3 tom. en 5 vol. in-4. d. rel.

704. Histoire critique des Religions, par Meiners (*en allemand*). *Hanovre*, 1806, 2 vol. in-8. br. en cart.

705. Histoire du Christianisme des Indes, par Lacroze. *La Haye*, 1758, 2 vol. in-12, v. m.

706. Histoire critique de Manichée et du Manichéisme, par de Beausobre. *Amsterd.*, 1734, 2 vol. in-4. v. m.

707. Abrégé chronologique de l'Histoire ecclésiastique, par Macquer. *Paris*, 1757, 2 vol. in-8. v. éc.

708. Eusebii Pamphili Historia ecclesiastica, gr. et lat. *Parisiis*, 1659, in-fol. d. rel. — Socratis Schol. et Sozomeni Historia ecclesiastica, gr. et lat. *Parisiis*, 1668, in-fol. v. br.

709. Histoire de l'Eglise, trad. du grec d'Eusèbe et autres, par Cousin. *Paris*, 1675, 4 vol. in-4. v. f.

710. Sulpicii Severi Opera, cum notis variorum. *Lugd. Bat.*, 1654, in-8. v. br.

711. Mémoires pour servir à l'Histoire ecclésiastique, par Lenain de Tillemont. *Paris*, 1701, 16 vol. in-4., v. br.

712. Jo. Laur. Moshemii de Rebus Christianorum ante Constantinum magnum Commentarii. *Helmstadii*, 1753, in-4. bas.

713. Histoire ecclésiastique ancienne et moderne, traduite du latin de Mosheim. *Maestr.*, 1776, 6 vol. in-8. bas. rac.

714. Histoire du Concile de Trente, traduite de l'italien de F. P. Sarpi, par Le Courayer. *Amsterdam*, 1736, 2 vol. in-4. v. f.

715. Acta primorum Martyrum, operâ et studio Theod. Ruinart. *Parisiis*, 1689, in-4. v. br.

Histoire des peuples anciens, et Antiquités sacrées et profanes.

716. Histoire d'Hérodote, trad. du grec par Larcher. *Paris*, 1802, 9 vol. in-8. v. rac.

717. Histoire universelle de Diodore de Sicile, trad. du grec par Terrasson. *Paris*, 1737, 7 vol. in-12, v. f.

718. Histoire universelle de Justin, trad. par l'abbé Paul. *Paris*, 1805, 2 vol. in-12, bas.

719. Nouvelle traduction de l'Historien Josephe, par le Père Gillet. *Paris*, 1756, 4 vol. in-4. v. m.

720. Histoire des Juifs, par Basnage. *La Haye*, 1716, 15 v. in-12, v. br.

721. Histoire des premiers Temps de la Grèce, par M. Clavier. *Paris*, 1809, 2 vol. in-8. d. rel.

722. Histoire des progrès et de la chute de la République Romaine, par Ferguson, trad. de l'anglais. *Paris*, 1791, 7 vol. in-12, bas. éc.

723. Abrégé de l'Histoire Romaine de Florus, trad. par l'abbé Paul. *Paris*, an III, in-12, bas. rac.

724. Les Commentaires de César, lat. et franç., de la traduction de Lemascrier, revue par de Wailly. *Paris*, 1788, 2 vol. in-12, bas.

725. Histoire Romaine, trad. de Xiphilin, Zonare et Zosime, par Cousin. *Paris*, 1678, in-4. v. br.

726. C. Cornelii Taciti quæ exstant, ex recensione Lallemand. *Parisiis*, 1760, 3 vol. in-12, v. m. tr. d.

727. Tibère, ou les six premiers livres des Annales de Tacite, trad. par de la Bléterie. *Paris*, I. R., 1768. = Lettres sur cette traduction, par Linguet, 1768, 3 vol.

in-12 , v. m. —Traduction des 14 15 et 16es livres des mêmes Annales., et celle des cinq livres des Histoires du même Tacite, par Dotteville, 1793, 3 vol. in-12, bas. rac. fil. — Traduction de quelques ouvrages de Tacite (Mœurs des Germains et Vie d'Agricola), par de la Bléterie. *Paris* , 1755 , 2 vol. in-12 , v. m.

728. Des Mœurs des Germains, par Tacite, trad. du latin en allemand. *Leipzig*, 1779 , pet. in-8. br.

729. Histoire des douze Césars de Suétone, traduite par Ophellot de la Pause (M. Delisle de Sales). *Paris*, 1771 , 4 vol. in-8. bas. éc.

730. Historiæ Augustæ scriptores latini minores , operâ Jan. Gruteri. *Hanovriæ*, 1611 , in-fol. vél.

731. Historiæ Augustæ scriptores sex. *Biponti*, 1787 , 2 v. in-8. bas.

732. Les Ecrivains de l'Histoire Auguste , traduits par de Moulines. *Paris*, 1806 , 3 v. in-12, bas. rac.

733. Les Césars de l'Empereur Julien , trad. du grec avec des remarques, par de Spanheim. *Amsterd.*, 1728 , in-4. v. f. d. s. t.

734. Histoire d'Hérodien, traduite du grec, par Mongault. *Paris*, 1784, in-12, bas. rac.

735. Ammien-Marcellin , ou les dix-huit livres de son Histoire , trad. par de Moulines. *Lyon*, 1778, 3 vol. in-12 , bas. rac.

736. Histoire des Empereurs, par Lenain de Tillemont , *Paris*, 1690, 6 vol. in-4. v. br.

737. Histoire de l'Empereur Jovien, par de la Bléterie. *Paris*, 1776, in-12, bas.—Vie de l'Empereur Julien, par le même. *Paris*, 1775, in-12, v. m.

738. De l'Origine des Lois, des Arts et des Sciences , par Goguet. *Paris*, 1758, 3 vol. in-4. fig. bas. rac.

739. Histoire de l'origine, des progrès et de la décadence des Sciences dans la Grèce , trad. de l'allem. de Meiners, par Laveaux. *Paris*, 1799, 5 vol. in-8. bas. éc.

740. Des Cultes qui ont précédé et amené l'Idolatrie, par Dulaure. *Paris*, 1805, in-8. bas. — Des Divinités génératrices, ou du Culte du Phallus chez les anciens et les modernes, par le même. *Paris*, 1805, in-8. bas.

741. Van Dale Dissertationes de origine ac progressu Idolatriæ et Superstitionis, etc. *Amsterd.* 1696 , in-4. v. br. — Mo is Maimonidæ de Idololatriâ liber, hebraicè, cum interpretatione lat. et notis Dio. Vossii. *Amst.* 1641, in-4. d. rel.

742. Mémoires pour servir à l'Histoire de la Religion secrète des anciens peuples, ou Recherches sur les Mystères du Paganisme, par de Sainte-Croix. *Paris*, 1784, in-8. v. m.

743. Explication de divers Monumens singuliers qui ont rapport à la religion des plus anciens peuples, par D. Martin. *Paris*, 1739, in-4. d. rel.

744. Essai sur la Religion des anciens Grecs (par Leclerc de Septchenes). *Genève*, 1787, 2 part. 1 vol. in-8. v. f. d. s. t.

745. J. B. Casalii de profanis Ægyptiorum, Romanorum et sacris Christianorum ritibus. *Francofurti*, 1681, in-4. fig. vél.

746. Th. Hyde veterum Persarum, Parthorum et Medorum Religionis Historia. *Oxonii*, 1760, in-4. fig. d. rel.

747. Jo. Seldenus de Diis Syris, *Lugd. Bat., Elzev.*, 1629, in-8. d. rel. — El. Schedius de Diis Germanis. *Amst., Elzev.*, 1648, in-8. v. br.

748. Rosini Antiquitatum Romanarum Corpus, cum notis Dempsteri et aliorum. *Amstelod.*, 1743, in-4. vél.

749. Habitudes et Mœurs privées des Romains, par d'Arnay. *Paris*, 1795, in-8. br. — Héliogabale, ou Esquisse morale de la dissolution romaine sous les Empereurs. *Paris*, 1802, in-8. br.

750. Essai sur les Antiquités du nord et les anciennes langues septentrionales, par Pougens. *Paris*, 1799, in-8. br.

751. Esssai sur les monnaies anciennes et modernes, par Rochon. *Paris*, 1792, in-8. br. — Recherches sur les mesures des anciens. *Paris*, an IX, in-8. br.

Histoire moderne.

752. De l'Etat civil des personnes et de la condition des terres dans les Gaules, dès les temps celtiques, jusqu'à la rédaction des coutumes. *En Suisse*, 1786, 2 vol. in-4. d. rel.

753. Histoire critique de l'établissement de la Monarchie française dans les Gaules, par Dubos. *Paris*, 1734, 3 v. in-4. v. j.

754. Le même. *Paris*, 1742, 2 vol. in-4. d. rel.

755. Histoire critique de l'établissement des Français dans les Gaules, par le président Hénault. *Paris*, 1801, 2 v. in-8. br.

756. Abrégé chronologique de l'Histoire de France, par le
même. *Paris*, 1761 , 2. vol. in-8. v. m.
757. Abrégé du Journal de Paris, de 1777 à 1781. *Paris* ,
1789 , 2 tom. en 4 part. p. in-4. br. en cart.
758. Le Moniteur , du 24 novembre 1789 au 4 octobre 1791,
4 vol. in-fol. d. rel.
759. Campagne de Bonaparte en Italie , pendant les ans IV
et V , par le général Pommereul. *Paris*, 1797, in-8. d. r.
760. Histoire Générale de Provence (par Papon). *Paris* ,
1777 , 4 vol. in-4. v. m.
761. Armorial des principales maisons et familles du
royaume , et particulièrement de celles de Paris et de
l'Isle de France , par Dubuisson. *Paris*, 1757, 2 vol. in-12,
v. m. fil. tr. d'or.
762. Histoire du Piémont, par Denina, traduite de l'italien
en allemand , par Strass. *Berlin* , 1800 , in-8. d. rel.
763. Histoire des Allemands, par Strak. (*en allemand*).
Berlin, 1802, in-8. br. — Le Florus Allemand de Was-
senberg (*en allemand*). *Dantzik* , 1645 , pet. in-12. fig.
vél. — Anecdotes de la Vie de Frédéric II , troisième
cahier (*en allemand*). *Berlin* , 1787, pet. in-8. br.
764. Sur Frédéric-le-Grand , et mes entretiens avec lui
peu de jours avant sa mort, trad. de l'allemand de Zimmermann. *Lausanne*, 1790, in-8. bas. j. — Histoire secrète de la Cour de Berlin, par Mirabeau. *Paris* , 1789 ,
2 vol. in-8. br.
765. Mes Souvenirs de vingt ans de séjour à Berlin, par D.
Thiebault. *Paris*, 1804, 5 vol. in-8. d. rel.
766. Mémoires pour servir à l'Histoire de Sophie Charlotte,
reine de Prusse, par Erman. *Berlin*, 1801 , in-8. br.
767. Mémoires sur la Révolution de Pologne , trouvés à
Berlin. *Paris*, 1806, in-8. br. — Histoire des Bohémiens,
mœurs, usages et coutumes de ce peuple nomade, etc.,
par Grellmann. *Paris*, 1810, in-8. br.
768. Bibliothèque orientale , par d'Herbelot , continuée
par Visdelou et Galland. *La Haye*, 1777, 4 vol. in-4.
d. rel.
769. Recherches Philosophiques sur les Egyptiens et les
Chinois, par de Pauw. *Berlin*, 1774 , 2 vol. in-12, bas. —
Descript. du Pachalik de Bagdad, suivie d'une notice historique sur les Wahabis, etc. *Paris*, 1809, in-8. br. —
Histoire des Wahabis , depuis leur origine jusqu'à la fin
de 1809. *Paris*, 1810, in-8. br.
770. Description des Pyramides de Ghize, de la ville du

Caire et de ses environs, par M. Grobert. *Paris*, an 9,
in-4. cart. à la Bradel.

771. Description de l'Egypte, ou Recueil d'observations
faites en Egypte pendant l'expédition de l'armée française;
première livraison, Antiquités. *Paris*, *Impr. Imp.* 1809,
1 vol. in-f. atlantiq. br. en cart. (le texte seulement.)

772. Recherches historiques sur la connaissance que les
anciens avaient de l'Inde, trad. de l'angl. de Robertson.
Paris, 1792, in-8. bas.

773. Evénemens historiques, intéressans, relatifs au Bengale et à l'Indostan, trad. de l'angl., d'Holwell. *Paris*,
1768, 2 part. 1 vol. in-8. fig. d. rel. — Etat civil, politique et commerçant du Bengale, traduit de l'angl. de
Bolts, par M. Demeunier. *Paris*, 1775, 2 tom. 1 vol.
in-8. v. m.

774. Histoire Philosophique et Politique des Etablissemens
et du Commerce des Européens dans les deux Indes.
Genève, 1775, 3 v. in-4. d. rel.

775. Histoire des Progrès et de la Chute de l'Empire de
Mysore, par Michaud. *Paris*, 1801, 2 vol. in-8. br.

776. Des Colonies modernes sous la Zone Torride, et particulièrement de celle de Saint-Domingue, par Barré
Saint–Venant. *Paris*, 1802, in-8. br.

777. Storia della Guerra dell' Independenza degli Stati uniti
d'America, da Carl. Botta. *Parigi*, 1809, 4 v. in-8. br.

Histoire littéraire, Actes et Mémoires des Sociétés savantes.

778. Theoph. Christ. Harles Introductio in Historiam linguæ græcæ. *Altenburgi*, 1792, 2 tom. 3 v. — Ejusdem
supplementa. *Jenæ*, 1804, 2 vol. — Les 5 vol. in-8. bas.

779. Ejusdem Harles Introductio in notitiam litteraturæ
romanæ imprimis scriptorum latinorum. *Lipsiæ*, 1794,
2 vol. in-8. bas. — Ejusdem brevior Notitia litteraturæ
romanæ, imprimis scriptorum latinorum. *Lipsiæ*, 1789,
3 vol. in-8. bas.

780. Histoire de la Littérature d'Italie, abrégée de l'italien
de Tiraboschi, par Landi. *Berne*, 1784, 5 vol. in-8. d. r.

781. Histoire littéraire d'Italie, par M. Ginguené. *Paris*,
1811, in-8. br. (t. 1 à 5).

782. La France littéraire, avec les supplémens (par d'He-
brail et de la Porte). *Paris*, 1769—1784, 4 v. p. in-8. br.

783. Nouveau Dictionnaire de Bibliographie, par Fournier.
Paris, 1809, in-8. bas. rac.

784. Notices et Extraits des Manuscrits de la Bibliothèque
Impériale et autres, tom. 5 à 8. Paris, 1799, 4 vol.
in-4. br. en cart.

785. Notice d'un livre imprimé à Bamberg, par Camus,
Paris, 1799, in-4., br.

786. Catalogue des Manuscrits samscrits de la Bibliothèq.
du Roi, par MM. Hamilton et Langlès. Paris, 1807,
in-8. br. en carton.

787. Catalogue des livres de la Bibliothèque, et Notice
d'instrumens de Physique, d'Astronomie, etc., prove-
nans du cabinet de M. Lemonnier, Paris, 1803, in-8.
br. en cart. (avec les prix).

788. Opuscula omnia actis eruditorum Lipsiensibus inserta,
ab anno 1682, ad annum 1693. Venetiis, 1740, 2 vol.
. in-4. v. éc. fil.

789. Histoire et Mémoires de l'Académie Royale des
Sciences, depuis 1666 jusqu'en 1698. Paris, 1733, 11 t.
en 14 vol. — Histoire et Mémoires de la même Académie
de 1699 à 1790. Paris, 1732 et suiv., 93 vol. — Grandeur
et Figure de la Terre, suite de 1718, 1 vol. — Table
alphabétique des matières, par Godin et autres. Paris,
1734 et suiv., 10 vol. Les 118 vol. in-4. reliés uniformé-
ment en v. fauve, jusqu'à l'année 1744, et continuée en
bas. fauve. — Mémoires de Fontaine. Paris, Impr. Roy.
1764. in-4. mar. r. — Tome dixième des Mémoires des
Savans Etrangers, Paris, 1785, in-4. br. en cart. —
Tome neuvième du Recueil des pièces qui ont remporté
les prix de l'Acad. des Sciences. Paris, 1777, in-4. v. m.

790. Mémoires pour servir à l'Histoire des Sciences et à
celle de l'Observatoire Royal de Paris, suivis de la Vie
de J. D. Cassini, écrite par lui-même, etc. Paris, 1810,
in-4. br.

791. Mémoires de l'Institut National de France. Paris,
1798 et années suivantes, 25 vol. in-4. br. en carton,
savoir : Sciences morales et politiques, 5 vol. — Sciences
physiques et mathématiques, 10 tomes en 14 vol. — Savans Etrangers, tome premier. — Base du Système métrique décimal, ou Mesure de l'Arc du Méridien, par
MM. Méchain et Delambre, 3 vol.—Littérature et Beaux-
Arts, 5 vol.

792. Notices et Rapports des diverses classes de l'INSTITUT,
dont : Rapports historiques sur les progrès des sciences na-

turelles, des sciences mathématiques, et de la Littérature ancienne , depuis 1789, et sur leur état actuel, par MM. Cuvier, Delambre et Dacier. *Paris*, 1810, 3 vol. in-4. br.

793. Rapports et Discussions de toutes les classes de l'Institut sur les ouvrages admis au concours pour les prix décennaux. *Paris*, 1810, in-4. d. rel.

794. Mémoires de la Société des Sciences de Strasbourg , t. 1er. *Strasbourg*, 1811. in-8. br.

795. Miscellanea philosophico-mathematica Societatis privatæ Taurinensis, ab anno 1759 ad annum 1773. *Augustæ Taurinorum*. 5 vol. in-4. d. rel. — Mémoires de l'Académie des Sciences de Turin, première partie. 1784 à 1800. *Turin*, 1786 et années suivantes. 6 vol. Seconde partie, de 1802 à 1810, sciences physiques et mathématiques, 4 vol. ; littérature et beaux-arts, 4 vol. Les 14 vol. in-4. br.

796. Notice des travaux (de 1805 à 1809) de la classe des sciences physiques et mathématiques de l'Académie de Turin, par Vassali-Eandi. *Turin*, 1809, in-4. br.

796*bis*. Saggi di naturali esperienze fatte nell' Academia del Cimento. *Firenze*, 1691 , in-fol. br. en cart.

797. Memorie dell' Instituto Ligure. *Genova*, 1806, in-4. br. en cart. — Memorie dell' Academia Imperiale delle Scienze e Belle Arti di Genova. *Genova*, 1809 (vol. 1), in-4. br.

798. Commentarii Societatis Scientiarum Gottingensis, ab anno 1751 ad annum 1754. *Gottingæ*, 4 tom. en 2 vol. in-4. v. br. — Premier bulletin de la classe des sciences mathématiques et physiques de l'Académie des Sciences de Munich (*en allemand*). 1807 et 1808., in-4. br.

799. Histoire et Mémoires de l'Académie royale des Sciences et Belles-Lettres de Berlin , depuis son origine, en 1745, jusqu'à l'année 1769. *Berlin*, 1746 et années suivantes, 25 vol. pet. in-4. — Nouveaux Mémoires, années 1770 à 1784, 15 vol. gr. in-4. Les 40 vol. v. m. — Nouveaux Mémoires de l'Académie des Sciences et Belles-Lettres de Berlin, depuis 1785 jusqu'en 1803 inclusivement. *Berlin*, 1787—1805. 14 vol. in-4. br.

799*bis*. Abrégé des Mémoires de l'Académie des Sciences de Stockholm, concernant l'histoire naturelle, la physique, etc. trad. par de Kéralio. *Paris*, 1772 , in-4. fig. v. m.

800. Commentarii Academiæ Scientiarum Imperialis Petropolitanæ, ab anno 1726 ad annum 1746; 14 vol. — Novi

Commentarii ab anno 1747 ad annum 1776, 20 tom. en 21 vol. — Acta ejusd. Academiæ ab anno 1777 ad annum 1780, 4 tom. en 8 vol. les 43 vol. in-4. v. m. — Et ab anno 1781 ad annum 1782, 2 vol. en 4. part. in-4 br. en cart. — Nova Acta ejusdem Academiæ ab anno 1783 ad annum 1796. *Petropoli*, 1787—1802, 13 vol. in-4 br. en cart.

801. The Philosophical Transactions and collections from the year 1700 to the year 1744, abridged by J. Lowthorp, and J. Martyn. *London*, 1705—1747, 9 vol. in-4. v. j. — Table des Mémoires imprimés dans les Transactions philosophiques de la Société Royale de Londres, depuis 1665 jusqu'en 1735, par de Bremont. *Paris*, 1739, in-4. bas.

802. Recherches asiatiques, traduites de l'anglais par M. La Baume, avec notes de MM. Cuvier et Langlès. *Paris, Impr. Impér.* 1805, 2 vol. in-4. d. rel.

Biographie.

803. Vies des plus illustres Philosophes de l'antiquité, trad. du grec de Diogène Laerce. *Amsterd.*, 1758, 3 vol. in-12, fig. v. m.

804. Les mêmes. *Paris*, 1796, 2 vol. in-8. bas. éc. fil.

805. Cornelius Nepos, latin et français, traduction nouvelle. *Paris*, 1771, in-12, bas. éc. — Vie de Xénophon, suivie d'un extrait historique et raisonné de ses ouvrages, par M. Gail. *Paris*, an 3, in-8. bas.

806. Vie d'Apollonius de Tyane, par Philostrate, avec les Commentaires de Blount, trad. en français. *Amsterd.*, 1779, 4 vol. in-12, bas.

807. Vie d'Apollonius de Tyane, par Legrand d'Aussy, *Paris*, 1807, 2 tom. 1 vol. in-8. d. rel.

808. Vie de Laurent de Médicis, trad. de l'angl. de Roscoe, par Thurot. *Paris*, 1800, 2 vol. in-8. bas. rac.

809. Vita di Vitt. Alfieri, scritta da esso. *Londra*, 1804, 2 vol. in-8. br.

810. Notice pour servir à l'éloge de Perronet, par Lesage. *Paris*, 1805, in-4. fig. pap. vél. br. en cart.

811. Mémoires sur la Vie de J. Dusaulx, écrits par sa veuve. *Paris*, 1801, in-8. br. (rare).

812. Vie de Turgot, par de Condorcet. *Berne*, 1787, in-8. br.

813. Notices Historiques sur Daubenton, par M. Cuvier ;

sur Deleuze, par Michaux; sur Foucquet, par Paroletti; sur Alex. Gui Pingré, par Prony, 4 pièces in-4.; sur Anquetil Duperron, par Dacier; sur J. d'Arcet, par Dizé; sur Baumé, par Cadet; sur Bénézech, par Challas; sur Camus, par Toulongeon; sur Delalande, par madame de S.; sur Florian, par Lacretelle; sur Ed. Jenner, par Lettsom, trad. de l'angl., par Duffour; sur Pierre Julien, par Lebreton; sur Lavoisier, par Fourcroy; sur Montucla, par Leblond; sur le duc de Nivernois, par Fr. de Neufchâteau; sur Piccini, par Ginguené; sur Germ. Poirier; sur J.-B. Target, par Muraire; sur Tronchet, 20 pièces in-8., par Delamalle; sur d'Ansse de Villoison, par Dacier; sur Zimmermann, par Tissot; sur Geo. Zoëga, par Thiebaut; sur Berneaud et autres.

F I N.

De l'Imprimerie de Mme Ve COURCIER, quai des Augustins, n° 57.